大夏书系·教师专业发展

给教师的**68**条写作建议

吴松超　著

华东师范大学出版社

全国百佳图书出版单位

·上海·

图书在版编目（CIP）数据

给教师的 68 条写作建议 / 吴松超著. —上海：华东师范大学出版社，2021

ISBN 978-7-5760-1286-6

Ⅰ.①给 ... Ⅱ.①吴 ... Ⅲ.①教育研究—写作 Ⅳ.① G40-03

中国版本图书馆 CIP 数据核字（2021）第 026663 号

大夏书系·教师专业发展

给教师的 68 条写作建议

著　者	吴松超
责任编辑	任红瑚
责任校对	杨 坤
封面设计	淡晓库

出版发行	华东师范大学出版社
社　址	上海市中山北路 3663 号　邮编　200062
网　址	www.ecnupress.com.cn
电　话	021 - 60821666　行政传真　021 - 62572105
客服电话	021 - 62865537
邮购电话	021 - 62869887　地址　上海市中山北路 3663 号华东师范大学校内先锋路口
网　店	http：//hdsdcbs.tmall.com

印 刷 者	北京季蜂印刷有限公司
开　本	700×1000　16 开
插　页	1
印　张	14.5
字　数	180 千字
版　次	2021 年 3 月第一版
印　次	2022 年 1 月第三次
印　数	9 001 - 12 000
书　号	ISBN 978-7-5760-1286-6
定　价	55.00 元

出 版 人　王 焰

目 录
Contents

序　为什么要补上写作这门课

写作，是教师改变教育生活方式、走上成长之路的重要标志，是开始思考与行动的反映；写作，让我们对教育的理解更为清晰、具体；写作，让我们的经验可言说、理性化、有提升。

如果教师否认自己在备课时"偷懒""不动脑筋"，而是潜心研究，就不要排斥把自己对教学目标的深入思考、精心设计的学习导引与充足的学习资源准备等形成文字，变成更高价值的教案。

课堂教学是教师生活最重要的组成部分，只要教师善于观察之、思考之，勤于动笔，及时记录，坚持不懈，它带来的收获会超乎想象。

"上学记"的内容是很丰富的，不限于自己遇到的老师、遇到的事情，自己学生时代的课程、课堂、课外活动等都可以写，由此引发对于改进教育教学的思考，也是非常有意义的。

写好教育生活没有秘诀，但有几个关键词——真实，坚持，不功利，有思想含量。

学校和教师因学生而存在，记录学生故事，把它作为记录教育生活的主题，对于教师成长，尤其是班主任的专业发展，特别有价值。

教师的专业能力在很大程度上就体现在对书的解读、转述上。练就高超的"解"书和"说"书能力，离不开以读书开阔视野，离不开读书之后通过写作来锤炼深入思考问题的能力。

教师的"文学创作"更多的是教育带来生命感动之后的本能倾吐，是教育思考、情感积累到一定程度的自然喷发，因而更珍贵、更打动人心。

写教育评论，首先促进教师自己思考，而声音传播出去则能促进更多教育人的思考。教育评论也会激发辩论，这又能够推动新观点、新思想的生成。教育评论的繁荣会带来教育思想的繁荣。

增加投稿成功率，有一些方法，虽不是秘籍，但就像一层窗户纸……

谈论专业成长，仅仅是说获得了什么奖项和荣誉、写了多少文章、上了什么层次的公开课吗？其实，更重要的是在这些看得见的成绩背后，自己的专业能力、教育价值观等有了什么样的提升、变化。

序　为什么要补上写作这门课

随着新课改的不断推进，老一辈的"民师转正"教师，以及传统的教学方式渐渐远去，现在的中小学教师估计没有能躲得过专业成长的"要求"的，没有能逃得脱"写教学反思""写读后感"任务的。

写文章这件事，对中小学教师来说都知晓其重要性。用最功利的视角看，善写论文、能出专著的老师，大多成了"名师""教育专家"，常常飞来飞去做报告，高接远迎，名利双收。更多的老师苦于不会写，写不好，还没有人引领、指导，对少数能写的老师"羡慕嫉妒恨"。

其实，老师们不会写、写不好的原因也简单：

• 从小学起，就开始应试化、格式化作文，缺少正确而持续的写作指导，导致作文空洞无物，华丽辞藻、排比句、名人名言、鸡汤故事一大堆，唯独没有自己的思考和逻辑，对读书写作没兴趣，畏惧写作，讨厌写作。

• 成为老师了，教学任务重，与教学无关的事情也特别多，每天少有时间和精力顾及读书、写作。

• 学校领导光检查教案、教学反思、读书笔记，却不指导老师怎么写，可能领导也没有能力指导。

　　"老师的主要工作是教学，写啥文章！""我们学校有个家伙，文章写得不少，可成绩不行，学生家长都不想让孩子到他班里，这不是不务正业吗？"……这样的声音其实在老师中间并不鲜见。因为评职称的条件中曾有发表文章的要求，因而老师掏钱买版面发文章、有人代写论文、办个假教育期刊发"文章财"的事件也不断被曝光。

　　大概从 2008 年起，各个省市陆续在中小学教师职称评定中降低了对文章、论文的要求，这也算回应民意吧。这种变化受到绝大多数教师的欢迎，但也有专家认为，本来老师写作水平就低，这个变化会让老师更理直气壮地拒绝写文章。

　　在教师还不习惯于写作的状况下，更加疏远写作，疏远研究、反思，会进一步增加教育教学的"匠气"。实际上，高级教师职称对科研能力、论文仍有非常高的要求，没有日常写作的练习与积累，怎么可能获得科研能力、提高论文写作水平呢？

　　为教师减负，是对的，但是把写作当作负担，不是明智之举。教育教学需要教师一刻也不能停止思考、研究和创新；而教师写作，特别是围绕教育教学工作的写作实际上就是另一种形式上的思考、反思和研究。

　　有智慧的老师，不会漠视写作。

　　湖南第一师范学院教育科学学院教授蒋蓉在湖南省教育科学"十三五"规划重大委托课题论文《美国小学教师培养：现状、特点与启示》中详细介绍了美国小学教师的培养：

　　　　美国小学教育专业的课程通常由三部分组成：通识教育课程、专业教育课程和教育实习活动，学分大多在 120 ～ 160 学分之间。

　　　　通识教育课程通常涉及英语与数学史基础、人文与社会、科学与技术等多个学科领域。如威廉帕特森大学的小学教育专业共有 130 学分，通识必修课占 40 学分，其中艺术交流、大学写作、文学经验分享等表达类课程占 9 学分，哲学视角、历史视角、社会 / 行为科学、科学视角、定量思维等认识方法类课程占 19 学分，另外公共选修课有 20 学分。

专业教育核心课程涉及健康幸福、表达、认知方式、多元化与公平性、社区参与、全球化意识 6 个领域，此外还有写作、技术运用、学术研讨等领域的要求，共 60 学分。

从课程设置就可以看到差距。先不说别的，光是写作，我们就落后了。

那些中小学名师，无论是闫学、管建刚，还是华应龙、万玮、王木春、钟杰，等等，最初也都是籍籍无名之辈，但他们有读书、写作的兴趣爱好，通过自己的努力，补上了写作这一课。他们在教育报刊发表文章，出版专著，只是显性的成果。在不断写作的过程中，养成独立思考与研究教育问题的习惯，让经验理性化，对教育的理解更为深刻、清晰，是更珍贵的收获，他们的可持续发展因而具有了动力、能力和资源。

教育教学类文章不是写出来的，而是做出来的，而且只有做得好，才能写得好。文章就在备课的过程中，文章就在精彩的课堂上，文章就在听课的反思里，文章就在评课的交锋中，文章就在阅读的感悟里，文章就在对学生心灵的呵护中……

关注教师写作与教师成长，我联想到著名的古文《庖丁解牛》。庖丁是一个屠夫，却能够"悟道"，他对"道"的参悟是在工作实践中随着专业技能的提升而渐渐完成的。

这只是一个寓言，但故事诠释的"理"，在人类社会可以称得上是另一种"道"：不管从事什么领域的工作（当然应符合正当、合法的原则），只要你热爱它，对工作的专业技术特别精熟，就可能参悟领域内的一些本质性东西，而且能将之迁移运用于生活的多个方面。

教师这个职业也如是。写作，之所以有利于促进教师专业成长，在于它是一种高效的思考手段。写作，也可以看作教师之"术"中的一种。教师之"技艺"达到了炉火纯青的层次，自己信仰的"师道"自然而然就会生发出来。

最近几年师德教育、师德建设在各个地方都备受重视，其基本路径是不断创新形式，树立教师典型，掀起学习热潮。不过，普通教师对这种师德教育似乎并不领情。

师德教育的逻辑需要改一改了。从道德的"根"上探讨，应是先知"道"，后有"德"。经过千百年的实践与沉淀，"师道"在一定意义上已经成为一种客观存在，而每个教师对"道"的领悟和践行，有了"自己信仰的师道"之"得"，才是"德"。

所以，在谈论师德之前，需要每个老师明晰师道是什么，自己要"走"什么"道"——这个自己建构的过程，写作可以有很大的推动作用。

以"术"启"道"，由"道"求"德"，进而让师德成为帮助教师在教育人生中自我实现的一种品质、一种生活方式——这是我所理解的写作对于中小学教师的一种意义。写作——专业成长——专业品质——道德而幸福的教育人生：这种认知构成我理解教师职业的一种思维逻辑。

教师写作，是让教育变得更美好的重要途径，也是教师通往职业幸福之路。当然，这条路并不是好走的坦途大道，需要教师付出很多时间与心血。教师写作，是一定会感到累、辛苦的，也一定会遭遇脑袋空空、写不下去的苦恼阶段，但要相信：坚持写下去，收获的将是长久的快乐与幸福，是精彩的教育人生。

第一章

写作启动专业成长

1. 写作到底对教师有何价值
2. 教师怎么过"研究的生活"

1. 写作到底对教师有何价值

教师为什么要写作？

以反问句的语气来发问的教师、学校领导认为，教师的工作就是上课、批改作业、辅导学生、维持纪律……考试时学生能有不错的成绩，就算功德圆满了。我们的学校教育就是这样一路走过来的，所以直到现在这种观念还有市场。

在以考试成绩为中心、追求分数的教育模式下，读书对教师的工作帮助不大，就更不要说写作了。这种语境之中，写作唯一的动力就是评职称的需要。

十几年前，江苏省张家港市教育局教研教科室吴恒祥老师做了关于初中语文教师写作状况的调查，结果显示：能够"经常写作"的教师中"为晋升职称、评比骨干教师之需要"的占 66.67％，33.33％的人是因为"迫于学校对语文教师提出的写作要求"，没有一个人选择"写作已成习惯"或"为了提高作文教学水平"。

十多年后的今天，状况有所改观，但并未好到让人乐观。

若以平和的疑问语气发问"教师为什么要写作"，则其中蕴含着深深的思考和对改变、突破的期待——让教育更有价值。

教师"上课、批改作业、辅导学生、维持纪律……"的工作形式没有大的变化，但过程和内涵要变，追求要变。比如，学生有好看的分数之外，还有有趣的、可以久久回味的校园生活，更有强健的身体、文明的习惯、美好的梦想等可以支持其可持续发展的收获。这里面有课程改革推动教育生态改善的诉求，也有觉醒的教师的自我驱动，而这些——

如果教师不读书不写作，就是很难抵达的彼岸。

写作对于教师个人来说到底有什么价值？从根儿上讲，是要逃脱"工具化"的宿命，是要精神自由，是要在工作之外，开拓真正属于自己的能够称得上是事业的东西，构建起生命可以依托的精神世界……

（1）留下一份真实的教育生活文字记录。这是教师一笔宝贵的精神财富，可以自己咀嚼、回味，也可供别人研究、怀念。教师幸福完整的教育人生，需要精神的丰盈与滋润。依稀记得知名教育媒体人李振村的一句话，"若没有历史，北京故宫就是一群老房子；没有故事，长城就只是城墙和一堆烂砖"；那么，如果教师做一辈子教育工作，没有沉淀一些故事，留下一些文章，那教育人生也会显得干瘪、暗淡无光。

（2）推动自我的提升、重塑。坚持负责任的写作，是锤炼观察力、思考力和表达力的好方式，在写出文章的同时，教师内在的精神气质也会发生改变。正如不可能拉着自己的头发离开地面一样，人也不可能在一天天的"重复"当中获得提升。写作会让教师的"思想海拔"不断升高——够得着自己的梦想，修炼出自己想要的模样。

（3）让声音传播得更久远。不要怀疑，真诚而富有思想内涵的文章会对教育发展，甚至对推动社会进步有贡献。写作锤炼出的思想穿透力会使你成为有影响力的人。而有影响力的人，必须不断为真善美站台、发声，阻止这个世界的堕落。

今天，消费主义、庸俗成功主义与商业力量结合，借助发达的网络与社会传媒，正一刻不停地在稀释、消解着学校教育的努力，与教师争夺稀缺的注意力。保持和提升自己的影响力应成为教师的一种危机意识。提升影响力，也是教师专业成长理念的一个出发点和落脚点。

实际上不仅仅是教师，学校领导和管理层也面临着影响力危机，试想，在职位权威之外，你的影响力还来自哪里？

对于写作的误解与低估，制约着自我超越。如果认同学校是一种学习型组织，就不要怕教师在读书写作上多投入一点时间。领导做读书写作的表率，多与教师交流文章写作心得，创造教师读书写作的空间，大多数教师都能够热爱上写作这种深沉而精确的表达方式。

2. 教师怎么过"研究的生活"

到豫南一所学校采访，一位老师说自己第一次承担教科研课题时手足无措，甚至不知道什么是课题。这是一种真实感受。但如果教师之前经常写作，尤其是写有关教育教学的文章，面对课题研究时，一定会从容、自信很多。此外，从上面分派下来的研究，不是教师"自己"的研究。这种课题研究方式不能说对教师成长、教育教学毫无益处，但很容易形式化，成为教师的负担。

当教师想写点什么的时候，往往是对某个教育问题、教育现象有了一些感悟和想法，开始了思考。这是教师"自己"的研究的开端。

教师多观察、多反思、多写作，就是一种"研究"的生活状态。

学校开展校本教研，提出做"研究型教师"，都是在倡导教师过一种"研究的生活"。听课、评课、磨课等，这是集体行动的方式，除此之外，教师还应有独立的方式，这就是写作。

"研究的生活"中，教师研究什么呢？研究课堂，研究教学，研究学生，研究学校的教学状态，研究自我的状态。从当前状况看，研究课堂、研究教学的多一些。教学生活中遇到的困扰、需要迫切解决的问题，才是最需要研究的问题。这些问题的解决关涉教师的教学质量、教师的情绪、教师的生活体验。

教师留心捕捉教育生活中的问题或现象应成为常态。教师应多一些敏感性，多一些批判性视角，很多本来不正常的现象，我们却都习以为常，可真正深究下去，它们就是需要研究、改善的问题。比如，语文课堂上有这样一种现象：老师提了一个问题，学生回答问题时往往就是念课文，或者不能够用完整、精练的语言表达。这种现象是不是很熟悉？这种现象正常吗？对学生的思维能力、创新能力等的发展有利吗？这种现象掩盖了哪些问题？需不需要改善？如何改善？对这一现象深挖下去，就出现了很多需要关注、解决的问题。

如果哪位教师思考了这些问题，把思考的结果写出来，然后在教学中着手改善，那么，他的课堂教学就向有效教学走了一大步。能把类似这样的问题挖掘出来、搞透彻，是最适合教师的研究。课堂上、学校中类似的问题非常多，正等着教师去发现、思索和改进。

很多人都有这样的体会：发现了一种现象，或者遇到了一个问题，有一些看法、感触，想把它写出来，但真正开始写时往往发现难以准确表达。一方面，有语言贫乏的问题；另一方面，是观察和思考不够深，对一些相关问题的认识还比较模糊。这个时候，就感到特别需要查阅资料，或者需要调查。这种写作体验表明：写作是难的，想把一个现象、问题剖析清楚，是需要深入思考的；把思考的内容写出来，类似于作研究的准备、计划和方案。

写作会迫使我们对问题作更深的思考，通过写作，教师对教育教学的理解将具体而清晰。写作时需要接受语言的规范和逻辑的约束，写作的过程既是思考条理化、深刻化、系统化的过程，也是表达规范化和精致化的过程。这个过程不仅是表达，而且是梳理与丰富，所以也是一个学习和提升的过程。

教学多年的教师都会总结出一些经验，那就更需要把这些经验记录下来。写作会帮助教师梳理思路，使模糊的经验更为清晰、有条理，有了理性思考的参与，经验也就具备了传播价值。

如今听名师、专家的报告，观摩他们的示范课，成为标准的教师培训方式。其实这远远不够，报告、示范课传递的有价值的信息有限，更有效地学习是阅读他们的文章和著作，甚至也可以从阅读中判断其是不是"水货"。

一位老师对我说："有时候我觉得自己也像一个教育家，但又不是那么理直气壮。"我问为什么不理直气壮，她想了想说：教育家都有思想，都有著作，而我没有。

这位老师道出了教育家的关键。能够被称为教育家的人，在饱满的工作热情、强烈的教育责任感和使命感、悲天悯人的教育情怀、丰富的教育实践经验之外，还有对教育问题的持续深入的思考，有对教育规律的不懈探寻，有精彩的超越时空的教育论著。

从丰富的教学实践中获得教育真知，每一位教师都有可能成为教育家，就看有没有强烈的学习精神、探究意识和写作反思习惯。普通教师与教育家的距离是思想的高度差距，而思想的差距是在教育生活的日积月累中形成的，其中，思考与写作有非常重的分量。如果没有著作，比如没有《给教师的建议》《民主与教育》，苏霍姆林斯基、杜威的思想和实践经验能传播开来吗？会跨越时空吗？他们的影响力还会那么大吗？

因此，教师要拿起手中的笔，记录自己的思考与实践，也许短时间内难以显现什么效果与作用，但请相信一句话：量变引起质变。

在还没有形成习惯的状况下，写文章是有很大难度的，这就需要意志力和自我加压，哪怕刚开始每天只能写几句话也要坚持。想把自己思考的问题写得清楚明白，需要多读书，看前人和同行有什么成果，学习别人是怎么表达的。这就开始了另一种形式的"研究"——文献综述，也很需要下一番功夫。

推动自己开始写作有一些策略。比如，建立教育博客、个人微信公众号，从其他同行的评论甚至是与学生的互动中获得动力；再如，结成发展共同体，大家在相互激励、交流中一同成长。

所有需要动笔动嘴的"场景"都值得教师重新审视，无论是教案、教学反思、听课笔记、读后感、教育随笔，还是班会发言、国旗下讲话，都有可能成为通往教育家的作品。

开始发自兴趣与责任的写作，开启教师"研究的生活"。

第二章

写教案

3. 写一辈子教案，不成长？

说到写教案，老师们都是轻车熟路，但是我想问一句：我们写的教案真的有价值吗？

如果真有价值，那为什么华东师范大学教授、新基础教育实验研究主持人叶澜说"一个教师写一辈子教案不可能成为名师，写三年教学反思，就有可能成为名师"？叶澜教授强调教学反思对于教师成长的价值，那么每堂课要写的教案就对教师成长没有多大意义吗？如果教案没有什么价值，为什么还要让教师写呢？

教案对于保障每节课的质量，对于教师专业成长，都是有价值的，而现实中如果教案失去了价值，那一定是写教案的方式、对教案的管理出现了问题。

从新课程改革启动之初到今天，关于备课、写教案，以及怎么进行教案管理改革的讨论，一直没有停止。教师对写教案普遍都没有什么好感，认为写教案的功能主要是应付学校检查。老师们的说法常常是：教案是"死"的，课堂是"活"的，怎么能按照教案写的上课呢？

河南省西峡县阳城镇中心学校的董国雷老师 2018 年承担的一项河南省应用性课题研究曾对学校教师的备课情况进行调查。结果显示：76.8％的教师认为"备好课是上好课的前提"，只有 21.7％的教师认为"备好课与上好课没有必然联系"；29.6％的教师选择靠"教师用书"备课，28.2％的教师选择靠"通用教案集"备课，26.8％的教师依据"教师用书和通用教案集"备课，只有 15.4％的教师通过查阅资料"独立备课"。

这个调查结果很有意思，大多数老师在认识上知道备课重要，但在备课行动上却表现出"应付"的状态。

海南省澄迈县澄迈中学的胡继云老师参加某八校联盟组织的"同课异构"课堂展示活动，两天听了8节英语课，发现8位教师的课几乎没有自己的教学个性，即教学重难点相同、教学设计相同、教学理念相同、教学方法相同，甚至课堂练习的题型和试题内容也惊人的相同。他推断，很可能几位老师备课时过度依赖了网络资源。

浙江省的周辉兵校长受邀担任了几次不同级别的优质课大赛的评委，也同样发现选手的课堂流程、活动设计、教学素材如出一辙的情况。他了解后得知，参加优质课大赛的绝大多数老师在抽到上课题目后，并不是去认真理解课标要求、深入分析教材、了解学情，而是急于上网查找与上课课题相关的教学设计、课件以及相关资料，然后加以"整合""修改"，就完成了自己这节课的设计。他由此感慨：准备优质课大赛尚且如此，那么平常老师们怎么备课就可想而知了。

从这些现象可以作出推断：中小学教师普遍遭受着写教案的"折磨"，但同时备课质量不高。

作为一位深刻洞悉基础教育的学者，叶澜教授绝不会否认写教案的价值。教师之所以"写一辈子教案"也没有成长，只可能是从未认认真真地用自己的头脑备过课，独立思考缺席，教案的思想含量太低——这样的教案当然是"死"的。实际上，在这种备课、写教案的状态下，教师再怎么投入地做教学反思，也是枉然。备课、写教案的质量直接决定教学反思的质量。

从另外一个角度看，如果不是担心部分老师不认真备课、敷衍了事，为何学校普遍都把检查教案作为教学常规管理的一个项目呢？这个判断可能草率且简单，但这并不是问题的核心。

真正应该引起渴望专业成长的老师们，以及希望老师们获得专业成长的学校领导反思的是：怎样备课，或者进一步说是怎么写教案，才能有助于教师成长？

教师对备课、写教案在认识与行动上有那么大的差距，是有原因的：

• 老师们每天的工作头绪多，如在很多农村学校，老师往往要身兼数职；同时，老师们的"非教学工作"大量增加，后果就是难以用心备课，也没有足够的时间和精力用在备课和写教案上。

• 教案模式化严重，如格式固定、单一，方便了学校的管理和评价，但导致教案与实际的课堂教学脱节，强化了教案就是为了应付检查的错误认识，促使教师更消极地对待写教案。

• 商业资本利用人性懒惰的弱点，打着服务教师、解放教师的旗号，把教学资源变成一种买卖，不断引诱和鼓动教师放弃独立思考，直接搬用现成的备课资源，从中谋利。

这些客观存在的现实问题，迫切需要综合治理、教育改革来化解，但短期内难以解决。可是一位务实的教育局长、一位优秀的校长，能够在一地、一校有所作为。

回到教师自身，一个教师如果屈服于环境对自我专业成长的干扰，那么选择"最轻松"的备课方式就成了很自然的事情；但同时，他的职业生涯将无法避免"工具化"的命运，"人格"和"精神"上就与"高贵""自由"无缘了。

4. 备课新主张：写教材解读文章

备课、写教案，属于教师的基本功范畴，有一定的规范、要求，但我们还得明确：教学是创造性劳动，并不适合用标准化的一套框框或者量化来评价、考核，对教师的管理也不适合用生产性企业的管理思路和方式。从教师入职门槛、学校管理等层面，提升教师队伍的专业化水平，让教师敬业精业，才是保障教育优质的根本之道。

这是另外一个很大的探讨话题，回到写教案，就是要提醒学校管理者、区域教研管理部门：督促教师备课、把课堂教学质量提上去，是责任所在，但不宜用统一、固定的格式要求教师，不能只看数量和形式而不管内涵，要从提升教案的思维含金量入手来进行引导、管理。

即使学校实施提高整体效率的"集体备课"，也要从管理机制上激励、引领每一位教师重视在备课质量、教案的"研究性"上用功。比如，有学校把优秀教案视为教师的作品、学术成果，在此基础上建立学校的资料库，教师教案进入资料库，以及被其他老师借阅、学习，如同学术论文被引用，会有奖励积分。

学校良好的氛围和机制有利于激励教师下功夫备课、写高质量的教案。作为教师，则需要树立新的观念——以对自己成长最有价值的方式来备课、写教案。

首先，动员和检验自己的脑力，运用自己的知识储备、经验及价值观来备课、写教案，即独立备课；其次，参考辅助资料，如名师的优秀教学设计、教案等，在对比中完善教案，提升自己；最后，通过课堂实践检验自己备课的质量，总结经验，查缺补漏，拉长短板。

这就是名师于漪在总结自己成长经验时提出的"一课三备"。

做好充足的上课准备，以教学设计、课堂教学方案的方式体现出来，是备课、写教案的实质。充足的课堂教学准备至少应包括这些内容：

- 清晰、明确而且合理的课堂教学目标，或者直接以学生的学习目标、需要完成的学习任务来体现。
- 充足的教学内容或者资源，以支持学生学习和完成学习任务。
- 预设引导学生学习的方式方法，课堂推进有程序和步骤安排。
- 充分预设学生在学习中可能遇到的问题以及可能达到的高度，并为这些问题的解决提供支持。
- 学生学习目标或任务完成情况的检测、评价、反馈与补救安排。

充足的课堂教学准备不是老师仅凭在脑子里"想一想"，或者写个"简案"就能够完成的，这是个大工程。那种"我这节课只备了 15 分钟"的潇洒，只能属于特别热爱教师职业、在课堂上摸爬滚打多年、教学技艺已臻于化境、学习资源能信手拈来的老师。

备课的依托是认真阅读教材，或者说备课要围绕着教材内容展开，上面提到的课堂教学准备，需要在认真研读教材的基础之上完成。写文章是深入思考，让思维更清晰、认识更明确的有效方式，所以备课时用类似于写读后感的方式研读教材，有益于把上述 5 个备课问题思考清楚、深入。

5 个备课问题中最关键的是教学目标的确定，其他 4 个备课问题实际上都要围绕明确的目标来展开。然而，实际备课中，教学目标的确定是老师最少动脑筋和下功夫研究的，常常直接照搬教参。学生的学习情况考虑了吗？是不是适合他们的水平层次？教学目标是不是易于评价反馈？是不是符合本校或者教师自己的教育理念和追求？……对这些问题老师们往往思考不多、不深。

拟定出合适的课堂教学目标有一些最基本的前提要求，如熟悉课程标准、把握学生的学习状况等。如果教师有更高更多的追求，还得有自己的教育理解、教学诉求，等等。这些都是教师备课的"诗外功夫"。有了足够的积淀，通过认真细致地研读教材，确定一堂课自己和学生一起要完成的教学（学习）目标，或者至少是把教参提供的目标转换成融入自己思考的、适合自己学生的、恰当的目标，才会成为很自然的事情。

把教材当成文章，围绕着 5 个备课目标，边读边思考边批注，调动自己所有的智慧储备，最后把所思所想写成一篇文章——能够有效提升备课质量。这个过程同时也是提升自己专业能力的"修炼"。

鲁迅的文章，老师不好教，学生也不爱学，但浙江省绍兴市柯桥小学的刘发建老师不信邪，他聚焦鲁迅教学做起了研究，改变了"师生害怕周树人"的状况，自己也成长为研究型教师。刘发建老师备课就是从研读课文开始的。他的专著《亲近鲁迅》（北京师范大学出版社出版）中，每篇课例的教案（教学设计）的前面就是"文本解读"。这算是"教案写作促进教师专业成长"的一个例证。

教师不需要每一节课都写教材解读文章，时间、精力也不允许，但是对于难教的课，如语文中的经典文本，教学单元是重难点，主题宏大、开放的，等等，则应有意识地在备课时写一写文本解读文章，然后在此基础上写出教案、教学设计。每个学期不必多，能认真写上两三篇，一定会受益匪浅。

5. 怎么写好教材解读文章

深入研读教材是备课的起点——如果你认同这个观点，就不要排斥"有计划地去写一写教材解读文章"的建议。接下来的问题就是怎么写好教材解读文章。

首先，要明确写教材解读文章的主要目的并不是为了传播、交流，而是为了推动自己思考，或者说与自己展开内心的对话。所以，在刚开始尝试的阶段，不必纠结自己文笔不好，不懂得文章的章法，等等，不要畏惧"写不好"，先树立一个观念：文章是给自己看的。

其次，当成读后感来写，即读教材文本写文章。以语文为例，读完课文，自己接收到哪些有价值的信息，有什么收获、感受？文章试图传播什么思想、情感？在表现手法上有什么特点或亮点？对作者有哪些了解？想让学生学到什么？……这些都是教材解读文章可以展开的内容。

再次，在"读后感"的基调之上融合"教学问题思考"——"教什么""怎么教"，具体就是前文提到的5个方面——教学（学习）的"核心"目标是什么、教学内容和教学资源开掘、围绕目标预设教学程序、预设指导学生学习的方法途径、教学评价与反馈等。

这三点可以看作写好教材解读文章的前提。当然，文章写得出色，还有很多其他条件，比如文章要有深度，教师肚里的墨水必须多才行，那只有多读书，多积累。有人建议以教材或课文为圆心，列出书单读书，是有一定道理的。

除了日积月累地积淀功夫，还有一点需要注意，那就是一定要为教材解读文章明确一个主题，或者说要为文章拟定一个标题。要注意，"读

《×××》有感""解读《×××》"不能算作标题。标题要能提炼整篇文章所要表达的思想、情感，同时具有一定的传播力。

写教材解读文章是"深度备课"的需要，当然要为实际的课堂效果服务。一堂课时间有限，目标明确才可能保证教学有成效。对应到教材解读文章，就需要主题鲜明，不能想到哪里就写到哪里，而标题的"规定性"可以把思考聚焦到一个或两个点上，从而引向深入。

文章主题，一般是与教学（学习）目标的确定紧密联系的。在通读教材，对文章的内容、思想内涵等有一个大致的把握之后，接下来就要调动自己的知识储备、对课标的理解等，结合学生实际，判断这节课"最适合"教学生什么、学生能够学到什么。大致明确了方向之后，确定主题，开始细致、深入地研读教材，通过写文章的方式展开思考与分析，把备课关涉到的问题一一探讨明白。

这是写教材解读文章的一个大概思路。

还以前文提到的刘发建老师为例，看他是怎么写教材解读文章的。他在教小学阶段唯一的一篇鲁迅作品——《少年闰土》时，认真写了教材解读文章《触摸鲁迅的童年》。从标题就能很明确地看出这堂课的主题与目标：

• "认识鲁迅"——小学生要从这篇课文开始，接受鲁迅精神、鲁迅文化的启蒙教育。
• "思考童年"——从童年入手，赢得学生共鸣，思考玩伴与友谊、如何填充童年生活等问题。
• "触摸"字、词、句——学习人物描写，练习回忆和记叙类文章的写作。

主题明确了，思路清晰了，文章的展开就相对容易了：围绕这三个"点"，深入教材文本的字里行间，搜索自己的"认知内存"，收集相关资料，探讨解决问题的思路与过程。

由此可见，写好教材解读文章的关键是两点：主题（目标）确定是不是恰当、适合，自己的"认知内存"是不是丰厚。

虽然举例是语文，但写教材解读文章适合所有学科，只不过因为语文是母语，外延广，教学目标往往不够明确，而且容易跑偏，所以才更受关注。

总之，写教材解读文章要立足于挖掘教学内容，展开教学过程的谋划，目标是引导和帮助学生理解、学习、掌握及运用知识技能，感悟学科知识在生活中的价值与意义，并以知识技能学习为载体，发展思维能力、提升素养等。这是写教材解读文章（实质上是备课）要深入思考的内容。

写好教材解读文章，可以看作备课的基本功训练，所以请重视起来吧。

6. 写出高价值教案

什么是高价值教案？有什么特点？

在回答这些问题之前，先来听听教师中常见的对教案的抱怨——

教案是死的，而学生是活生生的，课堂教学瞬息万变，咋能按照教案上课呢？教案用处不大！

对教案，能应付就尽量应付，省出来的时间都用来琢磨学生和课堂！

目标啊，环节啊……都在我的脑子中里，还非得写下来，净是折腾人！

……

这些声音都在反映教案与课堂实际脱节、不同程度存在形式主义、成为负担等现实情况。对课堂"无用"，仅是为了应付检查，教案显然就失去了基本价值。教案按照价值的高低，可以分为三个层次。

第一层次的教案，能够帮助教师掌控课堂，引导学生完成学习任务，达成教学目标。

有不少老师认为，教案应该追求"实用"，不赞成学校的统一要求，比如"规范""条目完整""工整"等形式，认为自己的思考不必一一都写出来，只把重要的部分，写到一张纸上或写到教科书上，自己能看明白就行了。这些认识和见解抓住了备课、写教案的核心，那就是自己要深入思考教学的核心问题，对关键环节深思熟虑，预设充分，而且教师对自己的课堂掌控能力、教学资源储备有一定自信心。

但是，这种备课、写教案方式，并不利于教师积累经验和促进教学反思。不系统、不深入的思考，思维就只能处于较低的水平，对问题的探讨浅尝辄止，形成教学粗枝大叶、跟着感觉走的不良习惯。

第二层次的教案，除了"实用"，还具有帮助教师进行课堂教学反思的工具价值。

课堂是由师生共同构建的，要在不断生成中完成预设，走向精彩；预设得越充分，越有益于生成。教案只是课堂教学的"计划书""预定方案"，真实的课堂上，学生状况百出，情势千变万化，经过实践检验，备课和教案中思虑不周、准备不到的问题就暴露出来，在随后备课和上课中有针对性地弥补、优化，教师的教学能力才能不断提升。

显然，那些写在一张纸上的只言片语，或者批注在教科书上的"教案"，就不如"条目完备""规范"的教案易于教师——对照作反思和改进。

第三层次的教案，能够在教学目标、流程环节、重点难点、情境与问题设置、与教学内容相关的拓展资源、对学生的评价与引导等方面有突破和创新，对其他教师教学也有很大的启发指导性，具有学术研究的传播价值。

这种高价值教案往往是多次教学实践和深入反思后的教学设计。形式上或许并不拘于教案常规，却能依托课例、集中主题展开教学创新的深入探讨。比如，对经典文本解读更新更深，挖掘出新的教育价值，探究"落地"策略；对某类文本、知识模块的教学设计提出新的教育理念、新的教学实践导向；针对某个教学问题，引入全新的教学资源，运用新颖的技术方法等。

随着教育管理高层重视和着手解决"非教学工作"干扰过多的问题，教师将有更多的精力用于备课和写高价值教案上。

经验比较丰富、教学成绩也不差的教师，往往会对写教案"有想法"——不愿意在这上面投入更多的时间。但这些所谓的"成熟教师"

也最容易陷入职业倦怠，进入发展瓶颈期——不知道接下来该往哪个方向走。

如果确认自己享受上课，也乐于与学生相处，愿意把生命托付于课堂，那么打破发展瓶颈，提升教育生命的品质，唯一的途径就是专业发展。必须有意识地让教学跳脱出经验的层面，上升到科学与艺术之境。怎么做呢？继续钻研课堂，研究课程，研究学生，加强反思和学习，如此，聚焦高价值教案写作，构建出自己的课程教学体系，会顺理成章地成为一种生命"内需"。

回头再看那些教案无用的言论，都不值一驳。

随着"以学为本""深度学习"等教育理念的传播、普及，教案形式也随之发生变化，比如出现了"导学案""讲学稿"等，即教案要更多地从帮助学生"自主地学"的立场进行重构。故而，教师要比以往更多地去了解学生的学习基础、认知特点；要更多地认知、研究学习的过程；还要以"学习者"的角色与学生分享自己的学习经验、思想情感等。

因此，清晰而明确的"学生立场""学习立场""个人立场"也将成为提升教案价值的关键之处。

第三章

写教后记和观课记

7. 下节课我能教得更好

对教后记，或者叫作教学反思，教师都不会陌生——学校要求得最多。

教学反思在教师专业成长中被视为重要的路径。美国学者波斯纳（G.J.Posner）提出的"经验＋反思＝成长"的"教师成长公式"，叶澜教授"一个教师写一辈子教案不可能成为名师，写三年教学反思，就有可能成为名师"的教诲，流传甚广。

对教师如何做教学反思，很多专家、名师也都做过深入论述。粗略归纳一下，不外乎从课堂教学自我感知的成功、精彩、亮点、失败、不足、遗憾之处，以及从学生的学习状态（来自学生的反应或反映）等方面进行记录与分析，提炼经验或感悟，提出改进思路等。

不过，很多教师的教后记依旧写得平淡，反思不仅不深入，有时还找不准反思的"点"。归结一下原因，主要是两点：

- 找不准有研讨价值的反思问题。
- 反思触及不到课堂教学规律、学科教学本质的东西。

为什么会出现这样的问题？根源还在于"浅尝辄止"，没有真正认真深入地去探讨。

写教后记，实质上是以真实的课堂情况、现象来重新"深度地"审视备课中预设的课堂，发现问题和不足，总结经验，从而不断提升备课时预设课堂的精确度，提高驾驭课堂、引领学生学习的实践能力。

教后记，从其存在的本来意义看，也如教材解读文章一样，首先是写给自己看的，其内容的核心应该关注的是"下一节课怎么教才能教得更好"。这种意图应在教后记中有非常明显的体现。在这个基础上，教后记若能给其他教师以启发，那么它的价值就放大了。

预设时的思考与课堂实际情况的对照、评价，以及引发新的教学思考，是教后记文章的主基调。所以，写清楚教学的背景，即这节课自己预设的教学过程、策略是什么，或者说，在这节课之前，这个知识点的教学经验是什么，学生的水平、学习过程中可能遭遇的困难，等等，是非常必要的。

从各种媒体上刊载的教学反思文章来看，这部分内容往往是缺失的，需要引起注意。

在做教学反思、写教后记时，如果能够对照备课时的种种预设细致地一一探讨，那么"找不准反思点"，就很少存在了。只要是从真实的教学现象中有所触动、感悟，比如感到"不对劲""不满意"，这样的问题对自己而言，就不会没有价值，但是对问题的思考深度，又决定着这个价值的大小。

教育报刊的编辑每天都会阅读大量的教学反思文章，其中有价值的选题还是不少见的，但常常会"望稿兴叹"，就是因为有价值的话题作者却往往谈不到点上、深度不够等，只好放弃。这样的教后记、教学反思，即使教师写了三年，也很难长进。出现这种状况，有为了完成任务、"为了反思而反思"者，更多的则是教育理论素养不高的缘故。

我国师范教育体系中有教育学原理、教育史、教育心理学等专修课，但这些课程理论的学习是与中小学教学实践相脱节的，所以学过之后通过考试，基本上也就忘记了。另外，还有数量庞大的非师范专业的大学生每年通过招教考试入职。这些新手教师通过了教师资格证考试、招教考试，上岗前也会经历短暂的培训，但教育教学理论储备和实践技能与实际需求还有不小差距。

教育理论素养对教育实践品质的影响毋庸置疑。提高中小学教师的教育理论素养，我们的师范教育应当向美国学习。美国不如我们那样重视纯粹的教育理论基础课，但学科教育课程齐全，而且非常重视教育理论与学科内容的融合。

建议渴望专业成长的教师要重视提升教育理论素养，尤其要主动寻求学科教学的教育理论支撑，建立自己的课程观、课堂观、教学观、学生观。这样，面对同样的课堂教学问题，思维就会打开，思考的角度、深度自然会让人耳目一新。

不要忘记，写教后记的最初目的是为了把教学反思深入下去，对一些课堂教学问题的认识和见解能清晰、明确起来，更有效地提升教学能力，把下节课教得更好，让自己和学生都更加满意，体验到课堂的乐趣与成长的快乐。

8. 怎样写好教后记

关于写教后记、教学案例反思等的基本"路数"，教师其实都是很清楚的。比如，不能面面俱到、写成教学的流水账，主要笔墨应放在自己感触最深的地方，如对整节课教学目标达成情况的评价、教学策略是否妥当、感觉比较成功的教学环节、有遗憾的教学组织、精彩的课堂生成、学生精彩的或糟糕的表现、自己在课堂现场的机智应变和灵光闪现等等，围绕这些点进行总结与反思。

写好教后记，需要"穷问不舍"的意识，同时得不断提升教育理论素养。这些都是慢功夫，需要坚持学习，不断积累。但同时，写好教后记也有一些具体的方法策略。

第一，化整为零，深入反思，独立成篇，形成系列。

上完一节课，善于观察和反思的教师可能会发现有很多可写的东西，怎么写呢？都写到一篇文章里吗？不要这样，可以一个问题或现象写一篇。写之前，先把这个问题想一想，尽力想深想透彻，看能不能总结出一个"主题"，这个主题最好能反映或揭示一个教学规律，用简练的语言把它提炼出来作为标题。先呈现课堂教学的情境，然后从多个方面分析出现这种教学现象的原因，是成功的地方，总结出一个经验或规律，是遗憾的地方，从多个方面分析原因，提出改进的建议。

这样来写教后记，对教师来说，可能要求较高，需要付出的精力和时间也会增多，但对于提升自己最有效。这样写教后记，很容易就构成"反思系列"——一篇教后记就是一个"主题研究"，"主题研究"多了，自己对教学规律的认识就能够形成"系统"。这是教师形成自己的教学思想、风格的基础。

第二，少些课堂实录，多些规律总结；少些细枝末节，多些"状态观照"。

现在的教育报刊中有一个现象：课堂实录片段多，谈"精彩生成"的文章多；而通过研究和分析课堂现象，进而探讨教学规律、课程特征或实质的少，谈预设的教学目标、教学组织策略是否合理与有效，达成效果如何的文章少。这是教育报刊的一种"媚俗"表现，极易对教师形成误导——会让教师把观察课堂的目光聚焦在一些细枝末节上。

本来教师的课程意识就比较淡薄，长久以来对工作的认识就是教教材，课堂实录片段读多了，自己写教后记时也这样模仿，总把心思放到"出彩"的地方，就难以从课程的高度来观照课堂教学。再者，课堂实录片段不可能把课堂的真实状态完整地反映出来，其记录的多是少数学生与教师的对话，呈现出来的也只是教师的教学思路和过程，而课堂上大多数学生是什么状态，关注较少。

这样讲，不是排斥课堂实录片段式的教后记，而是建议教师更要学会从大多数学生的学习现象中发现问题，分析这种现象，研究这些问题。

第三，别让"课堂生成"喧宾夺主。

新课程理念把尊重学生的学习主体地位提到了很高的位置，鼓励学生发散思维，因此在课堂上，教师的教学预设往往遭遇学生的"破坏"，另外课堂上也常会出现一些意外事件，"课堂生成"的机会就由此而生。有教学机智的教师能因势利导，"精彩"就出现了。这类写精彩课堂生成的稿件因其不同于呆板的论文写作风格，有较强的故事性和可读性，教育报刊很喜欢。

老师们一看教育报刊喜欢采用这样的稿件，也就投其所好，大量写作"精彩生成"的案例反思。我不是说写"生成"的教后记不好，而是认为，"课堂生成"不宜成为一种教学常态——教学和学习本质上是一种有预定内容和过程的活动，"课堂生成"则是教师难以把握的。

当"课堂生成"出现时，评价它是不是真正有价值的课程行为，有一个原则，即"生成"的课程资源应能为预设的教学目标服务，至少不妨碍预设教学目标的达成，或者是有助于升华"课程目标"。用"课程目标"，而不说"教学目标"，是指有些"课堂生成"虽然妨碍了一节课教学目标的达成，但是从课程价值实现的高度来看，对学生的发展有极大的促进作用，是有意义的。

因此，教师在呈现和反思"课堂生成"时，不要停留于津津乐道它的"精彩"，而应再深入地想一想："课堂生成"为什么会出现？它的出现和预设的课堂教学目标有什么关系？不能脱离预设的课堂教学目标来谈"课堂生成"，讨论"课堂生成"是否有价值、有意义，要根据对预设的反思来判断。

实际上，不少"课堂生成"的出现是预设的教学目标不合理、教学组织程序不妥当等造成的，而教师在教后记中没有意识到这一点，没有对教学目标、教学策略等进行反思。写教后记，一定不能忘记对教学目标本身、教学策略运用过程的深刻反思。

第四，视野宽一些，不局限于一节课。

从目前教育报刊发表的教后记、教学案例反思来看，大多是一节课、一个知识点教学后的记录与反思，而对学生学习情况的检测，如作业设计、练习题设计，很少有呈现的。

教后记、教学案例反思的写作，研究视野应再大一些——一节课后写一写，一个知识点的教学全部完成后写一写，一个学期的教学结束后再写一写，内容应涵盖课程目标、教学过程、教学评价的整个教学过程。这样的教后记可能就超越了最初的意义，对于教师"发现自己"，建构完整的学科知识框架、教学思想框架都有非常大的促进作用。

9. 观课记：梦想是需要启蒙的

在全国"观课议课"的一次年会上，W 老师上了《梦想的力量》一课，作为观课议课的课例。这是人教版小学五年级下册的略读课文，讲述了 6 岁加拿大男孩瑞恩·希里杰克实现"为非洲的孩子挖一口井，好让他们有干净的水喝"这一梦想的故事。

上课之前，W 老师作了观课说明。她为这节课制定的教学目标是：继续练习快速阅读；从字里行间感受瑞恩心灵的美好，并懂得仅仅有梦想是不够的，还要不懈奋斗，这样才能梦想成真；体会"梦想的力量"的含义。

W 老师请学生谈各自的梦想，以此切入本课的学习。她说："这样设计，不仅可以使学生与瑞恩做对比，还能使学生结合自己的生活体验，为学生进入课文的情境做个铺垫。"在学生朗读课文和出示了一组反映非洲缺水状况的图片后，开始了品读课文和交流环节，W 老师提了这样一些问题：瑞恩的梦想是什么，瑞恩梦想产生的原因是什么，你从课文的哪些地方感受到了梦想的力量，等等。课的最后，W 老师请学生联系生活实际，说说自己的收获或者谈谈自己最强烈的感受。

在这节课上，我观察到了这样一些现象或问题：

（1）学生回答问题大多是在念课文，很少有学生能用自己的语言完整地表达自己的理解。学生可以非常轻松地回答老师的问题，显然，大部分学生已经读懂了课文，但是 W 老师一直在一些非常浅显或者不需要思考的地方"纠缠""深究"。

比如，关于瑞恩的这个梦想产生的原因，其实课文已经交代很清楚了，而且语言流畅，学生不会产生什么阅读和理解障碍，但老师仍不断请不同的学生回答"读了这些文字，你眼前仿佛出现了什么样的画面"，而学生的回答自然是五花八门，而此刻老师的评价和引导显得简单、不足。之后，老师又用课件出示了一组非洲缺水的图片，问学生心里有什么感受……这些内容占用了大量的课堂时间，学生却收获寥寥。

（2）W老师让学生与瑞恩进行梦想的对比、行为的对比。这样设计的目的是想让学生从瑞恩身上学到一些很优秀的品质，或者让学生体会瑞恩的优秀，但似乎忘记了考虑学生的感受——这很像是一种心灵考问。实际上，学生很反感或者不屑于这样的对比。

（3）课的最后，学生谈各自的体会，缺少老师引导，导致学生发言与实际生活相脱离。如有学生说"我也要为非洲的孩子们做一些事"。学生的发言也可能是发自内心，但不懂得这样的发言意味着什么，而W老师也没有去深究或引导，比如，可以问一问"怎样去为非洲的孩子们做一些事"。这样的引导是很有意义、很重要的，一是引导学生深刻领会学习课文的意义，二是引导学生慎言慎行、言行一致。

（4）课堂上，W老师努力引导学生体会文章的主题——"梦想的力量"，比如，围绕瑞恩卖力地帮助父母做家务、瑞恩遇到的每一次困难，W老师都让学生谈了自己的感想。不过在这节课结束时，W老师没有能作一个画龙点睛式的总结，分享自己对于梦想、梦想的力量的感受或理解。

课堂是师生心灵的相遇，需要师生之间真诚的交流，在学生谈了自己的学习体会之后，教师也应该谈谈自己的感受，尤其是这样一篇可以给人以人生启迪的好文章。

假如是我来上这节课，教学目标将定位于启蒙学生的梦想，启蒙学生的人生思考。五年级的学生正处于人生的朦胧认识阶段，需要这样的正面引导。此外，通过读、思（提出问题），以及说、写（表达思考）来检验学生的语文学习水平，引导学生重视训练读、思、说、写的能力。

梦想的启蒙建立在学生阅读理解文章之上，真正让学生从课文中受到触动，开始思考"自己的梦想"这个关涉人生的问题。

因为这篇课文没有什么阅读难度，我会在和学生一起读课文的过程中，围绕"梦想"引导学生自己提问，提炼并思考几个问题：

- 起初，瑞恩是和我们一样普通的孩子吗？为什么？
- 瑞恩为什么想帮非洲的孩子挖一口井，非洲的孩子和他有什么关系？为什么妈妈没有给瑞恩 70 元钱，而是让他自己赚？
- 妈妈的道理你同意吗？瑞恩为非洲孩子打井的 2000 元是怎么筹到的，为什么那么多人愿意捐款帮助瑞恩实现梦想呢？
- 瑞恩身上有哪些优点值得我们学习？瑞恩被称为"加拿大的灵魂"，还获得了国家荣誉勋章，被评选为"北美洲十大少年英雄"，他最初的梦想是获得这些荣誉吗？
- 什么是梦想？梦想有高下之分吗？

这样的问题应该让每一个学生都来回答，如果课堂时间不允许，就把这些问题作为作业布置下去。当然，这些问题是开放性的，有一定难度，必要时可以让学生讨论。

最后，我会和学生分享我对于梦想、梦想的力量的思考——

- 自己有很多梦寐以求想要做、想实现的事，但只有对别人也有益、对社会有益的梦想，才会赢得赞赏和尊重。
- 世界是多彩的，梦想没有高下、贵贱之分，不要嘲笑别人的梦想。
- 只要你有了一个梦想，就可以去努力实现；追求梦想会遇到很多困难，但意志坚定的人会克服一个个的困难。
- 当你实现了一个梦想，你会发现，原来自己也这么了不起，能克服那么多、那么可怕的困难。
- 梦想让你变得自律、智慧和与众不同，她带给你的也许会超乎想象；梦想，让我们生存的这个世界变得更加美好——这就是梦想的力量。

我们要有一颗慈善之心、感恩之心、坚定之心，这样，我们的梦想才更容易实现。

教师教学，实际上就是在和学生一起"学习"。师生都应独立地思考学习中要面对的问题，然后彼此分享自己学习思考的心得、收获。教师作为成年人，应该将自己多于学生的人生经验、感悟以及学习智慧贡献出来，给予学生正确的学习引导。在这种开放、真诚的交流互动氛围中，师生的知识体系都将得到构建，情感都得到升华，精神都会感到愉悦。

所谓师生相长大概就是如此吧。

一节课容量有限，教学目标的设定非常关键。W 老师的这节课教学目标定得较"空"，因此课堂组织缺少一个"思想的统领"，教学预设的问题给学生的思维空间较小，学生从这节课的学习中真正的收获不大，对观课老师的启发、借鉴也很有限。

对于一节课来说，核心是教学内容，即教师想要教些什么，想让学生获得什么。采用什么样的教学手段、方法，则要根据教学内容来灵活掌握。但无论什么样的方法、策略，教师的心灵与学生的心灵相互交融，有效激发学生的思维和情感都是最关键的。

10. 如果我来教……

当前，各个地方、学校的教研活动大多是以课堂教学交流为载体；平常，老师们参加的各级各类培训活动中，公开课、观摩课也非常多。因此，写好观课记（或者叫听课笔记）是非常必要的。写得好，能有效提升自己的课堂教学观察和反思能力。

观课记完全可以当作议课时的发言稿。由于有些观课活动不需要自己发言，比如大型的名家课堂教学观摩会，或者学校里的校本教研听课活动轮不到自己发言，因此老师即使当时有些想法、看法，观过课也就算了。但是对自己的成长负责、"爱自己"的老师，就要努力"栽培"自己，不管要不要发言、议课，都要求自己整理出一篇观课记。

从参与议课的角度看，写观课记就要涉及这样一些内容：

（1）找准观课时关注的点，或者说明确观课的目的，即我观摩这节课是为了什么。这当然不是应付教研任务，而是自己想从这次观课中得到哪些启发，解决什么教学问题。

有了观课视角，观课记中就要相应地重点呈现自己观察到的现象。当然，课堂现象都在反映教师的教学行为和学生的学习状态，所以要根据自己的观课目的，确定重点观察目标。比如，要研究执教者的课堂教学思想或教学艺术，就把目光聚焦到教师的课堂教学设计和实施策略上；要学习执教者的课堂驾驭技能，就要详细记录、研究他的课堂语言，以及各个环节和突发状况时的处理方法；要关注改进学生的学习状态，就要关注学生在教师教学组织下的各种表现。

（2）无论什么样的观课目的，都应该先了解这节课的教学内容，自己心中要有一个教学的"预设"，即如果我来上这节课会如何设计，要用哪些方法给学生传递哪些重要信息。

在这个基础上，"把握"执教者预设的教学目标。之所以用"把握"这个词，是因为有些情况下，执教者在上课前不会作"观课说明"，介绍自己对教学内容的理解、预设的教学目标和教学策略等。这时就需要我们在观课时从执教者的教学组织中，分析其预设的教学目标、教学组织策略。

（3）观课记最重要的内容就是结合自己的观课目的，对自己研究、探讨的问题进行深入思考和阐述。一个很有效的模式就是用"如果我来教……"的话语方式来表达自己的思考。比如，要学习名师的教学思想和教学艺术，就可以在这种话语系统中，将感悟到的东西在自己虚拟的课堂上，用同一个课例具体呈现出来。这样的学习是非常有效的。

在常见的校本教研听课评课中，我们一般应综合各种课堂现象来讨论一节课的教学目标达成状况，分析改进策略。这里有一个前提——我们认可执教者确定的教学目标。如果我们有不同的看法，就要讨论执教者确定的教学目标是否合理、妥当，以及为什么；然后确定自己的教学目标和组织策略。

（4）观课记还可以关注学生的学习状态，这里指学生的整体状态。因为教师的教学是否有效、优质必然会通过学生的学习表现体现出来，从关注学生的学习表现来提出教师教学策略的改进也是常用的思路。

学习，不是单纯的智力活动，其中还包含着意志、情感、态度等人格元素的锻炼与培养。作为教师，必须善于通过自己的教学理念、教学方法、精神状态等方面给学生以积极的影响。

（5）观课记还有一个角度，就是从对一节课的研究延伸至对如何上好一类课的深入思考。现在教材都是以单元的形式编排，一个单元就是一个学习专题，能把上好一类课思考得深入、透彻了，教学水平会有一个质的飞跃，也能使自己从教学的忙乱、低效状态中解脱出来。

细心的老师可能就发现了：从这样的角度来构思和写作观课记，就类似于做虚拟的观课议课。这也证明了那句话——写作就是研究、反思，拿起了笔，就是踏上了专业成长之路。

如今各个学校都非常重视教师之间的交流，相互观课议课，甚至教师每个学期必须听多少节课，都有计划和规定。很多学校还专门为教师设计印制"听课笔记本"，其中的条目齐全，如听课课题、执教老师姓名、教学目标、课堂环节步骤、板书设计、点评批注、总体评价等。这样的笔记本方便了教师听课时做记录，但标准化、模式化的听课记录要求也限制了老师们的自由观课、自由记录。也有一部分老师只是按照笔记本的听课设计填满了事，不思考不总结。

建议渴望专业成长的教师，不要被模式化的听课要求束缚，观课之后，认真写一写观课记，把自己最真实的想法、内心最受触动的地方都写下来，天长日久，必将受益无穷。

第四章

写"上学记"

11. 求学生活值得写

　　由生活·读书·新知三联书店出版，何兆武先生口述、文靖整理的《上学记》是非常好的一本书，读后很长见识，引发很多思考。

　　这本书给我的一点启发是：教师也应该写一写自己的"上学记"，通过对自己读书往事的回忆、记录，引起自我反思、自我唤醒，获得教育的启示。

　　在写文章这件事上，教师最关心的是"方法"，故借写"上学记"的话题，初步讨论一下教师写作的"方法论"。

　　君子务本，本立而道生。教师动笔之前，先明晰写作之"本"，那么写作之"道"会很自然地显现出来。写作之"本"，即"自己想表达什么"（主题），如对某个问题是什么态度、看法，对一个现象要表达何种情感，给出什么评论、意见，等等。

　　教师开始写作，第一步是务这个"本"，把它想清楚非常关键，至少要有一个大概的方向、轮廓。教师写"上学记"，不是为了怀旧，从教师专业成长的角度，首要的是为了表达重视"学生立场"的观念和意识。

　　我们都曾经是孩子，教师也都是从学生时代走过来的，回顾自己当学生时经历的难忘成长故事、课堂经历，能唤回曾有过的学生身份、学生立场，使我们更好地"理解"学生。特别是当学生犯错误时，我们能多一分冷静，多一些理解和同情。

　　可能有老师会有疑问，时代发展了，社会环境与生活方式变了，我们做学生时的"体验"会与现在的学生一样吗？确实存在这个问题。比如，"70后""80后"的教师，上学时可能还有过吃不饱、饿肚子的经历，而现在的学生绝大多数不会再遇到。不过，请老师们相信，现在学生遭遇的"精神痛苦"，并不会与父辈有本质的差异，自由，解放，平等，自我认知冲突，偶像的崩塌和缺失……这些关键词是一致的。因为作为"人"，无论时代怎么发展，教育教学技术手段怎样更新，人性、人格、情感等关涉心灵和精神成长的问题可能是永恒的。

教育教学实在没有多少"新"问题，真正的教育教学其实就是要关注人的成长、完善的问题。所以"回望自己的学生时代"与"向教育经典求教育智慧"一样有价值，且两者相得益彰，益于教师去参透教育的真义，去追问教育的价值和意义，而这决定着教师教育教学的境界、品质和成效。

教师写"上学记"，另一表达诉求是"透视教师"。学生时代，我们都会遇到一些难忘的老师，写一写他们，会让自己多一面可以自我观照的"镜子"：从那些好教师的身上，我们学习经验，获得提升的方向与力量；从糟糕的教师那里，我们得到警醒。

另外，"上学记"还可涉及自己学生时代的课程、课堂、课外活动等，由此引发改进教育教学、校园生活的思考，也是很有意义的。

第二步，自己想表达什么明确后，很自然，接下来要做的就是"找支撑"——筛选并确定素材（核心内容），如故事与解读、现象与分析等，支撑起自己想要表达的情感、态度、价值观等。

在写作实践中，我们事实上是先占有素材（信息），如经历的事情、观察到的现象等，然后才生发出想说点什么的冲动，所以需要选择素材。不过，有不少教师写作时并未对自己想表达什么作深思熟虑，而是直接表达素材所引发的情感、态度、观点等。

这种状态并不影响教师去写，只要把故事以及让自己难忘的原因讲清楚，一样可以精彩、打动人。但这样的文章呈现的是基本的"七情"和"是非观"。这种自由自发写文章的状态，在一定程度上反映出教师"觉悟力"的不足，会成为教师写作、教学反思提升的瓶颈。强调教师写作，一个目标就是要提升"觉悟力"。

确定的素材与自己想表达什么之间是有一定逻辑关系的，写作中就要把这种逻辑关系呈现清楚，即需要推理、论证。比如，我们通过记录自己当学生时遭遇的一件事，来说明教师某种品质的重要，就需要把自己当时的所思所想、对老师的迫切期待等做重点描述。

第三步，写作要考虑的问题——文章的结构。文章结构即确定的素材的组合与呈现方式，素材各个部分如何"摆放"，谁先谁后，哪些内容详细、哪些内容简略……是有讲究的，目的是增强素材对"要表达什么"的支撑力，而且提升文章的表现力，吸引读者。

文章类型不同，结构设置千差万别，但总的原则不外乎让文章起承转合、跌宕起伏，呈现出一定的层次性、律动性，前后照应，条理清晰，使人阅读时，思维跳动，而且还有"喘息"的机会，以调动读者的情绪和兴趣，使之心悦诚服。

"上学记"的主体为叙事，有时还可以出现多条叙事链，运用设置悬念、伏笔，以及倒叙、插叙等，增强可读性。

确定主题，组织核心内容，考虑结构——是写作所有文章都面临的关键问题。明确了这三步，写作就成了类似"勾勒设计效果图""搭建骨架""填充与丰富"的构筑大厦的工作。至于遣词造句，就是个人化的语言风格。

最后要提醒教师的是，有些文章高手会刻意"去方法"，自由随性地写，文章反而有更强的表现力，但这是作者深厚的文化积淀、极强的语言驾驭能力显现出来的效果。不常写作或初学者却不能忽视文章章法，写作时最好不要跟着感觉走。当然，也不是等全部想通透才动笔，有了大概轮廓，如标题、小标题，关键的过渡句等想好了，就写下来，文章框架搭好了，就可以开始写了。随着写作的进行，就会有新的灵感不断出现……再不断地深思、删改、调整，一篇让自己满意的文章就写出来了。

12. 于永正成名师，不是偶然的

有一年，名师于永正来郑州给老师们上作文教学观摩课。课自然非常精彩，但其中一个无关作文教学的细节，让我非常感动，一直铭记在心中。

在作了自我介绍、消除学生们的陌生感之后，于老师并没有立即上课，而是很和蔼、认真地对学生们说：这节课可能会有些长，如果课中间谁想上洗手间的话，就自己悄悄地离开座位，"不用举手打报告，这么多人看着，举手报告上厕所，多难为情啊"。听了那么多公开课、观摩课，我还是第一次听到这样的"课前提醒"。我为于老师的细心、爱心而感动。

什么是以人为本？怎样才算是关心学生身心健康？于老师温馨的"课前提醒"是非常好的范例。于永正老师能成为名师，绝不是偶然的。

之所以特别感慨，与我读小学时的一件糗事有很大关系。读小学时的美好回忆是非常多的，但快乐中有时也会有些烦恼和伤痛。大概是在三四年级时，记得是冬天一个晚上的第二节自习课，我贪玩，课间没有上厕所。不知道怎么回事，一向严厉的数学老师在讲台上讲个没完。我越尿急，他讲得越起劲。而数学老师又曾规定，课堂上谁要想干什么必须先举手"报告"。我哪敢"报告"啊，一是课堂上非常安静，老师讲得兴致勃勃，再者自己也觉得很不好意思。于是就盼着赶快下课，老师讲什么我也听不进去了。时间过得真慢啊，在我实在憋不住、想"报告"时，也尿裤子了。

虽然冬天衣服穿得厚，但凳子上和地上还是湿了。我的这件丢人

事，被我前面的一个女同学发现了，她诧异地看着我，我的脸烧得厉害。好在我坐在教室后排，其他同学没发现。终于下课了，我第一个跑出教室……

我非常感谢这位女同学，她替我保密了，没有更多的同学知道这件丢人的事。现在回想起这件事，还时常脸上发烧，同时也想，为什么我的数学老师比于老师还年轻，却不像于老师那么细心呢？

《大河报》也报道过这样一件事：家住巩义市小关镇孙寨村的 7 岁男孩景景，是当地一所寄宿学校一年级的学生。11 月 16 日下午，景景拉肚子，跑到厕所后来不及脱下厚厚的棉裤，就拉进了裤子里。从厕所出来，他怕同学们笑话，就没敢告诉老师，穿着沾满粪便的裤子继续上课。一连几天，他担心被同学们发现，上厕所也不敢脱裤子，除小便外，大便都拉进了裤子里。晚上睡觉，也不敢脱衣服，听同学们喊"臭"，他很害怕，只能用被子把自己紧紧裹在里面。穿着沾满粪便的棉裤苦撑了 4 天后，景景臀部的皮肤大面积溃烂……

景景的父亲说，只要老师细心观察，就能发现孩子的反常举动；另外，孩子晚上睡觉，一连几天不脱衣服，老师竟毫不知情，未免太粗心了。"7 岁的孩子，连续 4 天把大便拉在裤子里，还要天天坚持坐在教室里上课，我想想都难受，也不知道孩子是咋熬过来的。"景景的母亲提起此事，泣不成声。

景景皮肤的伤痛过几天可能就会好了，但幼小心灵上的伤痛，需要多久才能愈合呢？老师们都知道"没有爱，就没有教育"，但有多少老师真正懂得"爱学生"意味着什么？有些老师也时常将爱挂在嘴边，可他对学生的爱恰恰伤害了学生，妨碍了学生的可持续发展，所以，教师的专业技能中应该有爱的学问。

于永正老师说过一句很有意思的话："我教了 40 多年书，最后把自己教成了一个孩子！"这是于老师的真心话，道出了于老师成功教育人生的秘密——他善于从学生的角度、立场、体验来指导自己的教育教学行动。

优秀的小学教师，学生喜爱的小学教师，他们对学生的爱有什么特点呢？就是他们对学生的关心和爱护特别周到、细心，像妈妈对自己的孩子那样爱学生，呵护学生。

随着学生年龄的增长，老师如果仅仅有妈妈式的爱，教育教学就会显得力不从心。因为学生开始有自己的思想和判断力了，行动能力也强了，接触的外部世界范围更广了，面对的各种诱惑更多了，教师的爱中理智、理性、策略的成分就要增多，否则你的爱，学生感受不到，或者难以接受。

学生乐于接受的爱，都是建立在理解他们、尊重他们的合理要求的基础上的。教师要能"钻"进学生的心里，知道学生在想什么。陶行知先生说"我们必须会变成小孩子，才配做小孩子的先生"，就是这个道理。

老师们，请不要把我尿裤子当成"笑谈"，而要思考一下如何去爱学生。

13. 老师的手里不能只有一把铁锤

2018 年 7 月的一天，栾川县男子常某路遇 20 年前读初中时的班主任张老师。埋藏在心中多年的仇恨一下子爆发了——常某边骂边抽打张老师耳光。这个场景还在常某授意下，由同行的同学用手机拍摄了下来。5 个月后，这段视频突然在网上流传，全国人民都知道了这件事。事后，据常某解释说，当年自己曾被张老师多次殴打、虐待和侮辱，"巨大的心理伤害，十几年我都不会忘，经常做噩梦，梦里绝望、无助、哭泣"。

2019 年 7 月，栾川县人民法院以寻衅滋事罪一审判决常某有期徒刑一年零六个月。

这个案例让我想起自己上五年级时遭遇的一次暴力事件。

那时候我的表兄刚刚转学过来，高我一级。那天下午放学后，我和几个伙伴在学校很快写完了作业，就在校园里玩。这时候我看到表兄的班里还没有下课，很好奇，很想看看表兄坐在教室里的样子，于是我就跳趴到窗台上，透过玻璃往教室里张望。我还没有找到表兄，老师就从教室里气冲冲地出来了，问我干什么，我说我看看我哥；他又问我，你哥叫啥，我说叫郑光辉。这个老师让我站在门口，他又走进教室。

现在想起来——我多傻呀，为什么不趁机赶紧跑啊。我可能被老师的样子给吓住了，不敢跑。一会儿，老师把我叫到他的办公室，又问我要干什么，我还是说只是想看看我哥。他说我故意捣蛋、不老实，说着就打我。我现在已经不记得被打了多少下耳光，只记得鼻子流了好多血……后来我是怎么回到家的，现在已经记不得了——完全被打蒙了、吓蒙了。

特别疼爱我的姥姥气坏了，第二天一大早来到学校找校长"讨说法"。这个老师没有向我道歉，但不久就离开了我们村的学校。

这次被老师打后，我的鼻子有了"后遗症"——稍微一碰就会流血。从此，我的鼻子成了重点保护部位，一直到大学毕业，才好转。

这是我从小到大遭遇的唯一一次暴力事件，因此我刻骨铭心。我的内心很长一段时间都不能原谅那位我并不知道名字的老师，心中一直有"报仇"的念头，无数次在睡梦和想象中路遇这个老师，将他打翻在地。

这次经历让我深刻感受到一点：学生做错了什么事，老师一定要给他们讲话的机会，从学生的角度理解他们的行为，然后再想学生能够接受的办法去解决问题。

现在，绝大多数教师都不会体罚学生了，可"有一颗宽容之心"在教师中却好像还是稀缺品质。到学校采访，我经常看到有老师因为一点很小的事情，要么对学生大发雷霆，要么罚学生站到教室外边……有些漂亮的女教师对学生发脾气的样子很是让我吃惊。

学生是成长中的人，尤其是小学生、初中低年级学生，犯错是难免的，需要我们的宽容和理解。教师的博大胸怀和行为世范最能影响学生，让学生受到无声的教育，懂得自我教育，而教师也会因此赢得学生尊重，更易于体验到教育教学的快乐。

2019 年 11 月，教育部发布《中小学教师实施教育惩戒规则（征求意见稿）》，并且面向全社会征求意见；2021 年 3 月 1 日，教育部制定颁布的《中小学教育惩戒规则（试行）》开始实施。这是一件能改变教育生态的大事。

但是，老师们更要清醒地认识到：如果离开了惩戒，就不会教育了，才更悲哀！即使是惩戒，也要做出教育的味道。老师这个称呼，意味着要给学生的心灵带来希望与阳光、信念与力量！

西方的一句谚语说："在手里拿着铁锤的人看来，世界就像一颗钉子。"老师的手里，不能只有一把铁锤。

14. 为师者需要哪些基本品质

上世纪 80 年代，我读小学时有一位叫刘太欢的民办教师，让我难忘。

刘老师衣着很朴素，但总是干干净净、整整齐齐，穿中山装时风纪扣总是扣着，头发一丝不乱，风度翩翩；平常说话虽然不是普通话，但与我们的方言又很不一样，讲究语调和分寸。

刘老师是个多面手，既教我们语文课，又教全校学生的体育课；学校组织合唱，他还会打拍子指挥。那个年代，在一所乡村学校，我们会做标准动作的广播体操，会走整齐的队列，会做眼保健操，会"三步上篮"打篮球，能开运动会……学校活动丰富多彩，刘老师功劳很大。

刘老师都是自己先学先练，然后在课上教我们做。教动作时，一丝不苟，一个动作一个动作地示范、纠正。刘老师比较严肃，要求又严格，当年我和小伙伴们都有一点怕他，但同时又非常佩服他。

几年前我回老家，去看望刘老师，他已经退休了，但还热衷于组织和参与村里的文体活动。说到锻炼身体时，我无意中说到中老年人适合打太极拳，可以练一练，然后教村里人。后来，母亲对我说，刘老师真的这样做了。

刘老师就是一位非常普通的老师，好像也从未获得过什么荣誉，但刘老师在村里有地位，村民对他都很敬重，因此他也非常有成就感，每天都快快乐乐的。

在我心目中，刘老师算是乡村的知识分子，身上有着优秀教师的品质。

首先他注意自己的仪表和一言一行，懂得"行为世范"。一位教师有这样的素养或者意识，就具备了成为优秀教师的最重要的基础。

其次，他做事认真严谨。"养不教，父之过；教不严，师之惰。"教师对学生不"严"，就是懈怠了。这个"严"，是"严格""严谨"，而不是"严厉""威严"。教师是需要有一些"威严"的，但"师道尊严"，是指教师遵循了"师道"之后，自然而然赢得的"威严"，而不是每天在学生面前板着脸，借故总训斥人，甚至打骂学生，让学生畏惧。

再次，刘老师身上最可贵的品质就是"好学"。他没有"人过三十不学艺"的偏见，不害怕接触新事物，不断学习新知识、新技能。现在有些老师才四五十岁，就以老教师自居，或者职称评定通过了，就万事大吉，学校的读书、教研活动不积极参加，教学则抱着自己的老经验不放。这样的老师，不能算是好老师。

刘老师那时虽然是民办教师，却把工作当成了事业来干，敬业乐业精业。当然，这可能与他个人的性情等有关。现在看来，他是将生活、生命与教育和成长融为一体的教师，用行动为后辈年轻教师上了生动的"师范课"。

15. 教师的教学魅力来自哪里

上初中时，有两位英语教师让我难忘。一位叫郑雪梅，民办教师，很遗憾的是在后来的"民师转正"中不知为何没能通过，现在是普通的村民；一位叫刘定峰，他是公办教师，不知道是从哪里毕业后分配到我们村的初中，现在已杳无音讯了。

郑雪梅老师教过我将近两年。初一刚开始接触英语时，是一位从外地来的、讲普通话的年轻女教师，大概教了半学期，可能因为受不了农村野孩子们的"欺负"就走了。我们那时候确实非常调皮，老师在讲台上领读音标，我们不好好学，时常怪腔怪调地捣乱。后来的英语课就是郑老师教。她水平一般，长相普通，因此在同学们心目中地位一直不高。

郑老师其实是非常努力的，备课上课都很用心，可惜底子薄，读音不准确，语法也常讲不明白。这可能是她唯一的缺点，当然也是最大的缺点。

让我难忘的是，郑老师有一个优点，就是脾气好，对学生很宽容，从不发火。我们这些顽皮鬼，时常给她难堪，她总是很包容，一笑而过。有一次早读，不记得是什么事情了，我被她叫到了办公室。我当时心里是瞧不起她的，因此并不服气，三说两说，我就要离开她的办公室，郑老师就去拉我的胳膊，我不想被她拉住，胳膊一甩，没有想到，我的手指竟然扫到了她的眼睛。她的眼睛当时就红了，眼泪也出来了。我也傻了，不敢走了，看她不住地揉眼睛。这时，郑老师让我先回教室了。我的心里忐忑不安，心想郑老师一定是很生气的，心里既有歉意，同时也担心她会告诉校长或教导处。

但这件事平静地过去了，郑老师并没有找我的麻烦。我总觉得对不住郑老师，对她的态度也改变了许多，但一直没有勇气向郑老师道歉。郑老师也不再提这件事，就像没有发生过一样。这是直到现在我还感到不安的一件事，我时常想，为什么当时不向郑老师道歉呢，为什么不看看郑老师"伤势"如何。

后来回乡再见到郑老师，她还是非常热情，可能她早已忘记了这件事吧。现在想起来，我的一点感慨是：宽容，是教师应具备的一项优秀品质，如果你想赢得学生的心，就应该大度起来。

古人早就提出"严于律己，宽以待人"。"严于律己"利于"修身"，"宽以待人"则是一种美德、境界和人格魅力。心里能够容人容事，胸襟宽广，则"人和"，有利于成就一番事业。"宽以待人"也是可以修炼的，心中有宽容的意识，遇到学生做了让自己不爽的事，多提醒下自己，一定会有效，慢慢地就会养成一种习惯，成就一种宽容的精神。

对学生"宽容"，是不是与"教不严，师之惰"相矛盾呢？学生犯错，要管不管？"严"和"宽容"是有些矛盾，但不是水火不相容的对立。学生犯错，老师看到了，一定要伸出手拉他一把，这就是"严"，如果视而不见、放任自流，那就是"师之惰"了。但是，老师管教学生，是要讲方法策略的，要使用学生能够接受的方式，不要让学生觉得你这个老师这么讨厌，从而产生逆反心理，或者口服心不服。

我们的精神与肉体都是有一定的"自愈"能力的。学生的头脑里都有自我反思系统，他们其实能辨是非、知好歹。有一些"差生"是怎么产生的呢？就是老师不懂得宽容，造成学生逆反与对抗，目的就是气老师。他们还意识不到这样做很傻，是拿老师的错误毁灭自己。

一次我到一所初中采访，在学校德育处碰到一件事：上课铃响时，德育处主任带进来一个男生。原来这个学生讲脏话骂同学，被主任听到了。学生说，是那位同学激怒他了，随口就骂了。主任说，你不要上课了，写检查，把事情经过写出来……半节课时间，学生检查写好了；主任拿过来一看，说写得不深刻，重写。学生似乎很生气，但不敢说什么，默默地站着不知所措。我那时真觉得学生可怜，心想学生心里一定在骂人了。

我觉得，这件事淡化处理就可以，告诉学生：讲脏话骂人，解决不了问题，还有辱自己的斯文，以后讲话注意，时刻注意自己的形象——男人骂街，掉身价呀！这样提醒学生后，再询问一下为什么被激怒，有什么冤屈？主持一下正义。这样，学生是不是易于接受，也很服气？而且也不会耽误一节课。

管教学生时，宽容一些，教育就成为了一种"提醒"，给学生"自愈"的时间和空间，锻炼他们的"免疫系统"。可能过一段时间，他又犯老毛病了，这其实很正常，再换个方式"提醒"一次，学生自己可能就不好意思了。如果学生身上的毛病、坏习惯太多，真的无法"自愈"，就要给些"药物"，但"宽容精神"还是不能丢弃。

郑雪梅老师是有宽容智慧的教师，但她教学水平低，对于教师来说，也是很可怕的一件事。

刘定锋老师那时只教初中三年级，算是"把关老师"。他的名字在我上初二时就知道了，因为大家都传"刘老师教得好"。

终于上了初三，能上刘老师的英语课了。第一节课，就发现刘老师与郑老师的不同——刘老师讲课声音很响亮，很投入，富有激情，有时甚至有点"声嘶力竭"。这样的后果就是，他的嗓子总是沙哑的，但是，他的情绪显然能带动大家认真听讲。

经过一段时间的观察，我发现，刘老师被公认"教得好"，是他有一项本领，就是他能把初中三年的英语知识串起来，他的头脑中有一棵英语知识树，所以，他讲课，总能把许多语法知识一连串地拎出来，呈现在我们的面前。而这些，对于应对英语考试来说是最需要的。

在当时，一位乡村老师能显著地提高学生的英语考试成绩，是非常了不起的事，自然能让学生对他敬爱有加。

刘老师那时候还是毛头小伙子，精力充沛，也没有家庭琐事的牵绊，因此他有大把的精力投入在教学上，再加上他是"把关老师"，面对中考，自然需要通盘观照三年的英语教学，要把所有的知识点都复习到。

老师需要对自己所教学科的知识、技能、思维素养等进行整体把握，换句话说就是对这门学科要有"整体认知"，能用一个"框架""体系"把学科内容连接起来，这恰好对应着现在流行的概念——思维导图。

这是一项本领，老师的课教得如何，实际上在很大程度上取决于对课程的整体认知与目标分解：一门课程要教给学生什么知识，学生要掌握哪些能力，提升哪些素养，应该有基本的把握。再说得清楚点，即对一个教学阶段，比如一个学期、一个学年、小学或者初中几年，要达到什么样的教学目标有清晰的认识。有了目标，自然就会考虑落实目标的策略、途径，如教材内容如何调整、补充？教学组织怎么更利于学生学习？这样教学打破了按部就班"教教材"的局限，叫"用教材教"，是高的教学层次。

现在回头看，刘老师的教学还是有不少缺陷的。比如，他的英语口语并不好，教的基本上是"应试英语"。当然，这不能说完全是老师的问题，但老师的教学理念、方式还是有很大责任的。刘老师不是很重视口语训练，课堂上也不怎么引导大家读、背课文。这种英语学习方式定型后，影响是非常大的。等我上了高中，发现自己的听说能力怎么也赶不上同学，再加上其他学科的学习压力，自然难以突破。从乡村走出来的学生大部分学的是"哑巴英语"。北京师范大学的肖川教授也曾说自己的英语学习不全面，只是阅读和写作不错。

刘老师讲课还有一个缺憾，就是灌输多，启发少，他常把自己归纳的语法等知识点讲给我们，让我们写下来，背下来，而不是引导学生自己去归纳，教学生掌握学习英语的正确方法。

"教，是为了不教。"让学生有兴趣、有能力自主地学——这才是教学的真谛。

每一位老师都需要去琢磨自己的教学魅力从哪里来、如何修炼。

16. 教师的责任：给学生受益终身的教育

我读的高中是洛阳市第一高级中学，洛阳人都简称"洛一高"。这是一所有着百年历史的豫西名校，据说曾被胡适先生圈定为全国 20 所最好的中学之一。因此，师资力量自不必说，优秀教师云集。

对于高中老师，我印象深刻的有很多，我只选择其中两位讲一讲。第一位是高一年级教代数课的黄炎波老师。

黄老师对学生非常好。这个"好"表现在他个别辅导时特别热情、细致、耐心。代数是比较难的科目，晚自习时黄老师都会来教室，我常向他请教。黄老师辅导时，我坐着，他站着。我很不好意思，要站起来，他却不让，就趴在课桌上小声给我讲。次数多了，我就觉得黄老师特别像哥们——他那时候很年轻，大不了我们几岁。那种感觉很温暖，外加一点点自豪，感觉黄老师也很欣赏我。

因为黄老师这么好，我学代数特别用心，成绩也不错。当时我住校，一般一个月回家一次。有一个周末我没有回家，晚上就自己一个人坐在教室里做代数题。初中时的同学来找我玩，他和我不在一个班，到宿舍没有找到我，就来教室找，看我一个人在做代数题，非常吃惊。可我的感觉是什么呢？我当时真没有觉得这是一种"苦"，相反觉得非常快乐，尤其是自己解出一道道非常难的代数题时。我把这种感受说给同学听，他惊讶外加一点羡慕的神情直到现在还很清晰。

黄炎波老师让我感觉到：一个老师如果能有一种"魔力"，让学生自主地、愉快地投入学习，那么他做教师就成功了一大半。这种"魔力"到底是指什么，如何获得呢？善于思考和总结的老师都会有自己的答案。

第二位是担任高中三年班主任的张清献老师。张老师曾在关键时刻拉了我一把，我很感激他。我的成绩在班里属于中等，最好时只拿过第九名，后来就一直在中游徘徊。高三上学期有一段时间，我有些松懈，常常跟着几个同学去玩。一天晚自习，张老师把我悄悄喊出来，与我聊，慢慢询问我的家乡、家里情况等等。

现在想起来，张老师对这些情况其实早就了解，闲聊是为了给我提醒。此后，我虽没有疏远那几位同学，但学习的那根弦又绷紧了。农民的孩子可不就靠高考寻个出路、跳出农门吗？虽然现在成功的道路比以前多，但对于成绩还不错的农村孩子而言，高考反倒是捷径。考不上大学，就是另一番人生境遇，成绩差一些的，家里都会早作打算，另谋出路。

教师是可以影响学生的人生发展走向的人。教师心里时常念叨这一点，有助于增强教育使命感，让教师对自己的工作、对学生有一点"敬畏"之心，同时，这也有助于教师增强人生的成就感——想一想，这个世界上还有哪种职业能像教师这样，以一个人的力量去影响另一个人的人生？

我遇到的高中教师都不错，教学水平很高，也都很关心学生，这两点是优秀教师共同的特征；但现在来看，还是感到有一丝遗憾——老师们努力或者关注的，主要还是聚焦在考试成绩上。

教育正在步入"新时代"，未来，信息网络技术将在很大程度上分担教师的一部分工作，被分数主导的教育，能有所改变吗？

新技术、新设备虽然很关键，但发挥主导作用的仍是教师的观念和思想。如果教师有强烈的教育使命感，有"做让学生受益终身的教育"的意识，即使戴着分数的枷锁，仍然可以"舞蹈"。这不是对教师的苛求，因为从教育、教师的本意来看，这是一种责任。

让学生受益终身的教育，包含很多内容，但从我自己的经历与人生感受出发，我更看重为学生创造一个谈论与思考人生、认识自我、构筑梦想的空间。激励学生有梦想，追梦想，让梦想为人生导航的教育，会让学生受益终身。

第五章

写教育生活

17. 一线教师通往教育专家的桥在哪儿

在微信朋友圈看到一个挺有热度的话题：一线教师和教育专家，到底谁更懂教育？不禁哑然失笑——

- 这是个疑问句，还是个反问句？两种句式隐含着截然不同的情绪和认知状态。
- 概念要清——何谓"教育专家"，又何谓"懂教育"？
- 提问者（包括传播者）是真想弄清楚这个问题，还是想激化情绪，"挑拨离间"教师和教育专家的关系？一线教师和教育专家之间有鸿沟吗？

这几点不弄清楚，"一线教师和教育专家，到底谁更懂教育？"就真说不明白。

这个问题的关键在于"懂教育"的概念。这就牵涉到如何理解教育这个大话题了，一定是众说纷纭。从历史的角度，从社会的角度，从面向未来的角度，从个体和家庭的角度……教育的内涵或者主旨追求有很大的不同。

回到这个问题本身圈定的现实语境，"懂教育"应更多地属于微观层面的教育教学——能够比较好地教育、引领学生成长——既提高学生的学业成绩，又能帮助学生发展面向未来所必需的好习性、高素养等。不管教育的概念或说法再多再玄，说到底，中小学的教育，大抵就是指向成绩、习惯、性情、意志品质、兴趣、特长。把成绩摆在第一位，是教育的现实情况，但实际上好成绩应是学生好习惯、好性情，以及好的个性特征不受抑制得到发展的自然结果。

有了比较明确的教育目标，那么"懂教育"就意味着：

• 能够运用一些概念、理论合理解释教育教学中学生偏离和远离目标的现象，能够通过一些行动模型、教育教学策略比较有效地把这些学生拉回健康成长和发展的轨道；

• 能够发现、解释那些发展比较良好的学生其背后的主导因素；

• 能够收集足够多的案例，再进一步地做出分析、解释、总结与提炼，从而丰富教育的概念、理论，完善教育教学策略。

这是"懂教育"，也是真正的教育专家的"专业"。

再看一线教师和教育专家的不同——天天泡在课堂、教室，与学生朝夕相处，甚至24小时手机随时会接到学生家长信息、电话的，是一线教师；常常"飞来飞去"，给老师们讲课、评课、做指导，在各种各样的活动中做评委的，这是教育专家。

一线教师天天被学生发展问题泡着，不缺实践和经验，但实事求是地讲，普遍缺乏解释教育现象的理论和有效的行动模型，至少是难以达到一定的专业高度和深度；教育专家则有脱离课堂和班级建设实践的嫌疑，其所掌握的教育理论、行动模型可能老化，已不适合教育教学的新情况、新问题。

由此，可以得出一个结论：一线教师只要能够拉长"理论短板"，就可以更懂教育。

因推动教育改革而闻名的教育专家李希贵十多年前到美国哥伦比亚大学教育学院访学，他带着录制的中小学课堂教学素材，与教育学院的教授、纽约市的中小学教师一起研究开发关于教师教育的模型。在沟通的过程中，李希贵发现了双方认知上的一个差异：中国的中小学教师就是基层的教书匠，就连教师也大多称呼自己是"一线教师"；而哥伦比亚大学教育学院马格（Mcghee）教授认为，"对于分析评价课堂教学来说，教师就是专家"。

这种认识差异的存在很正常，与师范教育的课程安排、教师每天的工作内容，甚至教师的社会地位，都有很大关系。但不能忽视一个情况：已经有越来越多的中国中小学"一线教师"，通过自身的努力获得专业成长，成为教育专家。这样的模范有太多太多了，窦桂梅、闫学、田冰冰、万玮、陈宇、杨卫平……

一线教师通往教育专家的桥在哪儿呢？或者说怎么去建这座桥呢？我粗浅地认为，是从记录教育生活做起。

"懂教育"首先就得能够合理解释教育现象，那么，解释之前的工作、积累，一定是观察和分析教育现象。怎么做到观察、分析？得先去记录教育生活，提取教育现象。

写教育生活，还有很多不同的说法，像教育日记、教育叙事、教育随笔等，称呼不同，其实都是以自己每天的教育生活为观察、感受、研究和记录的对象。

教师的教育生活世界就是学校、课堂，教育生活的构成元素就是与校长、同事、学生以及学生家长的交往活动。

关于课堂教学的记述、反思，前文已经涉及，但是以"记录教育生活"的方式来观察课堂，与写教后记会有所不同，比如叙述师生交往的事件会多一些，关注课程、教学的色彩少一些，我更愿意用"课堂故事"来表述它。

我这里说的写教育生活，是能跳出课堂，以人生、生活的高度观察课堂，思考教育，更多的是把视角调整到师生交往的事件上，而不是仅仅关注知识、能力等教学元素。

怎么写教育生活，或者说怎么记录好教育生活？

山东省泰安市泰山学院附属中学的生物教师孙明霞，是从一线教师成长为教育专家的典范。如今以她的名字建立的工作室遍布全国各地，她以自己的成长经历、教育智慧引领着更多教师走上专业成长之路。

特别要说明的是，孙明霞老师不是"墙内开花，墙外香"的教师，她的课学生特别喜欢，学生学到的不只是生物学知识，更重要的是获得生命意识的觉醒和成长。她是学生欢迎、人民（学生父母）满意、有教育智慧、体验到了教育幸福感的教师。

孙老师声名鹊起得益于她记录自己的教育生活，并通过当时最火的一个教育博客网站分享，及时与全国各地的教师互动交流。她的课堂故事、对教育现象的描述与思考触动了老师们，也吸引了众多在教育博客上驻站的教育媒体人。

后来，总有老师询问孙老师有什么写文章的秘诀，孙老师写了一篇长文，把自己的经验分享出来。我试着做了一下梳理和提炼，有这样一些"干货"：

- 真实：教师写作其实很简单，就是书写自己真实的教育生活，记录自己的教育教学行为，表达自己对教育的理解和情感。
- 坚持：流水账能够坚持"流"，天长日久就能汇流成河，成为好文章，也成为生命中的一个一个珍贵的记忆。
- 放下功利心：不为数字而写、不为发表而写，只是"随心所欲"地记下心中流淌出来的文字。
- 学习与思考：花里胡哨的文字假如没有思想充盈的话，只是一件华美的外衣。

这确实不是什么秘诀，几句话都是孙老师的真情流露。但是，这就是写教育生活，以及一线教师自我构建通往教育专家的桥梁的宝贵经验。

18. 走出去，突破原有的生活世界
——经营精彩的教育生活（一）

孙明霞老师出版的第一本专著《用生命润泽生命》（福建教育出版社），就是她写教育生活文章的集子。我常向老师们推荐这本书，因为那些已经有了改变自我的愿望，或者遭遇成长瓶颈的老师，读后会有很多触动与启迪。

肯定有教师会产生怀疑：孙明霞是教生物的，我不是生物教师，读她的书会有多大收获？其实，在这本书里，孙明霞更多的不是讲如何上好生物课，而是记录了成长的心路历程、对教育教学的思考，讲教师对待教育生活的理念与态度。

即使是有关课堂教学的两章《预设还是生成》《过程比方法重要》，也没有在生物知识上着墨很多，而是重在通过叙述一个个课堂故事，反映真实的课堂状态，阐述教学行为背后的理念。

认真研究这本书，我们可以发现孙明霞能写好教育随笔、迅速成长的一个"深层秘密"——先得"经营"好教育生活，使之精彩起来，有料，有趣。

"经营"是什么意思呢？就是"无中生有"，就是"没事找事"，就是"自找麻烦"。

写教育生活的重要性和意义，每位老师都知晓，但还是有很多老师写不好教育生活。根本原因在哪里呢？问题不在于写作能力不济，而是教育生活太过于平淡了，毫无波澜、起伏，少有冲突，能让教师兴奋、触动、感悟，感觉不吐不快的元素不多。

相信每一个老师都曾有过想和别人交流、倾诉、分享，要写一点东西的经历，可为什么坚持不下来呢？虽不能排除忙、累、压力大等原因，还有一种情况是教师的感知力迟钝了，这就需要刺激。所以，写教育生活，首先要"经营"教育生活，让教育生活丰富、精彩起来。

怎么做？创造条件，学习新知识，接受新鲜事物，开阔眼界。

2000年，孙明霞被选拔参加了由北京师范大学举办的国家级骨干教师培训。这是她成长历程中的一个重要转折点。

在3个月的学习时间里，孙明霞听了很多高水平的讲座，吸取了大量先进的教育理念和课程改革信息，结识了很多学识丰富、富有人格魅力的专家教授。于她来讲，这次学习是一次新的塑造，教育观念发生了重要转变。一种强烈的求知欲望促使她在北师大的学习结束之后，又自费走进华东师范大学的校园，利用两个暑假的时间学习生命科学院的研究生课程。

这种学习的意义是什么呢？学习知识倒是次要的，关键是调整自己教育生活的背景，突破原有的生活世界，给自己的教育生活一个更广阔的奔走天地。

很多教师，尤其是农村、乡镇学校的老师，可能没有机会、财力重新走进大学校园，但是学习的方法和途径不是唯一的，关键是要有终身学习、不断充电的意识。

有了学习意识，不频繁地走出校门，不脱离课堂，照样可以开阔眼界，开拓教育生活的活动疆界。读书，借助新媒体技术求学于名师名家，是最经济、最高效的方式。这一点是经营教育生活最关键的基础。外出旅行甚至户外探险，带给我们愉悦体验的其实是精神和心灵上的放松、自由以及对未知的新鲜感和向往。

学习最有意义的一点就是对未知的感知，教育生活中有了学习，就不断会有惊喜出现，因为能了解到我们之前不了解的世界，能知道别人在想什么、做什么。在对比中引起反思，你可能就会有想法，有憧憬——你看，教育生活就有了波澜！

这只是从写作这个方面讲，更有意义的是，视野开阔之后，看待问题的视角会改变，就可能不再纠缠于那种"小圈子"的琐事，以前很烦恼的事情也不再介意，因为我们的追求、所想的事情与之前不同了。这是一种什么样的改变？是生活态度的改变，是境界的提升。

19. 与学生"聊"起来，增添生活活力
——经营精彩的教育生活（二）

孙明霞老师不当班主任，但是她与学生的交流不少于甚至多于一般的班主任。

每一个新学期开始，孙老师都会给学生写一封公开信，讲自己的期望，讲对学习的认识，与学生交流一些对生活的看法。学生们也都会给孙明霞回一封信，谈自己的计划、感受等。与学生的信件交流就此开始，一直继续下去。平时，孙老师还要结合教学内容给学生的父母写信。

在《用生命润泽生命》这本书中，收录了她 2006 年 9 月 25 日写给学生父母的一封信，重点交流自己对青春期孩子的认识，指导他们和孩子沟通。大多数学生的父母非常感动，都给孙明霞回了信。她和很多学生的父母也一直有信件交流，谈学生的成长，交流自己的教育理念。通过这种方式，孙明霞交上了很多朋友，赢得了学生父母的尊敬和支持，她自己也收获了成就感。孙明霞是这样说的："尽管我不是班主任，课时也很少，我几乎很少和孩子们的父母打交道，但他们却时常给我带来很多的惊喜和感动，让我感受到当老师的幸福与自豪。"

除了信件，孙明霞与学生的交流还有一个固定通道——每个学期，她都会给每一个学生发一个日记本。孙明霞说自己的课少，与学生接触时间少，给学生发这个日记本，就想为了能和学生多交流。学生对她的课有什么意见、建议，或者学习、生活中遇到了问题或困惑等，都可以通过日记本来沟通。

确实真如孙明霞所愿，在这个日记本里，学生不光是评价她的课、

提意见，学生还把自己的心里话、一些成长的困惑与她交流。这种方式让学生的心与孙明霞的心贴近了。她更加了解自己的学生，学生的问题和困惑经过她的点拨和解答消除了，学生也更加信赖她、尊敬和喜爱她。

这个日记本给孙明霞带来的收获是巨大的——仅从写作的角度看，她拥有了更加丰富的素材和更多的练笔机会；更有意义的收获在于：她的教育生活内涵变得丰富和精致，不仅是传授生物学知识，更是与学生心灵、精神的交往。

孙明霞把每一天的课称作"与学生美丽的约会"，而学生也有了这种美好的感觉，因此，她又把与学生在一起叫作"生命的美好相遇"。这是孙明霞的深刻体会，也是她发自内心的幸福感、成就感的一种自然流露。

可见，真正的热爱会生成教育智慧，能想出各种各样的方法来改进工作，提升自己。教师的修炼是爱的能力的修炼。

经营教育生活，需要增加与学生交流、沟通的机会，真正让学生与自己互动起来、心灵交融起来，让学生真正走进教师的教育生活。

当然，这样做，学生在给教师带来快乐的同时，肯定会带来很多麻烦甚至烦恼。但是，这种状态才是完整的教育。学生带给教师的麻烦、烦恼，对教师而言是一种磨砺，是成长的阶梯，没有学生带给自己的教育教学技能磨炼，教师不会成长。

很多优秀教师曾感慨，"教育是一个良心活"，意思是说做教育工作要凭良心，教师要有一颗善良之心。事实上，这个世界上不光是教育工作需要良知，这一点不能涵盖教育工作的真正特点，教育工作还需要智慧，需要科学精神，需要理性。

学生是教师存在的基础，凭着一颗善良之心和朴素的心愿尽职尽责地工作，对教师而言还不够，教师还需要对教育工作有深入、细致的思考。思考什么？重要的内容是围绕学生展开的：你对学生的爱，如何变成具体的行动？又如何被学生理解、乐于接受？这些功课做足、做好，教师的成功就是水到渠成的事情，教育生活自然而然会丰富、精彩。

20. 加入学习团队和成长圈子
——经营精彩的教育生活（三）

加入生命化教育探索和实践团队，是孙明霞教育生涯的转折点，她自此进入了成长的快车道。于她，教育从"一个良心活"变成了有意识的探索与研究活动。

生命化教育的核心理念是相信每一个生命都是人间的奇迹，都有独特的价值或意义，因此对每个生命都应有所敬畏，尊重生命的独特与差异；充分激发每个生命的潜能，让每个生命成为自己生命的主导者，成就最好的自己。生命化教育不提供现成的"教学模式"，特别强调尊重、信任、欣赏、激励、自主等理念和思想的引领，因此给了教师很大的探索实践空间。

课堂教学是教师教育生活中的重要内容，生命化教育的理念能否在课堂这个空间得到落实，关系着教育目标的实现。孙明霞就在"生命化课堂"的探索实践上下了极大的功夫。

从 2006 年 2 月起，她在教育在线论坛和 K12 教育论坛上推出了生命化课堂主题帖《生命的色彩——我的课堂》。一年多的时间，孙明霞撰写了 200 多篇课例研究文章，为生命化教育的探索实践及她个人的成长奠定了坚实的基础。这个专题帖在论坛上大获好评，点击率超过了 20 万，也为她积聚了巨大的人气。围绕帖子上的课例，孙明霞与天南海北的网友进行了深入持久的交流，有时甚至是激烈的"碰撞"。可以想象，这一年多的时间，孙明霞过得不会轻松，甚至还会很累，很紧张，但精神上一定是愉快、充实、激昂的，否则她也不会乐此不疲。

由此可以总结，经营精彩的教育生活的第三个途径——加入一个好的学习团队，进入好的专业成长圈子。

"物以类聚，人以群分"，人都需要朋友，需要交流、交往，这是人社会化的一种本质需求，即寻求归属感，这就是我们需要团队、圈子的意义。交什么样的朋友，进入什么样的圈子，虽说有性情、兴趣、地位等限制，但更取决于自己的追求。

团队，是一种高层次的社交圈，有凝聚力，以及共同的愿景，成员相互之间有吸引力。

教师看似每天在学校里过的是集体生活，比如身处备课组、教研组、年级组等，还经常和同事一起开会、研讨教学，但这些集体、组织未必就是团队，它们并不是由教师内在的一种精神动力推动而形成的。比如备课组，常见的活动就是按照教材的编排集体备课，可能还有"主备教师"之说，就是一个老师负责一个或几个单元的备课，然后大家在一起研讨，最后是汇总教案，共享教案。当然，每个老师可以在集体备课的基础上有自己的创新。

这样的备课组活动，在本质上与之前的教师备课没有什么不同，只是在一定程度上减轻了教师备课的负担，教师之间有了一定程度的交流，但教师难有大提高。为什么？因为教师教学的观念没有根本性的变化。

假如备课组能够根据教师、学生的实际情况重组教材内容，把国家课程"校本化"，或者老师们在一起围绕学科开发一些主题式的讲座，以激发学生对学科的学习兴趣，就大大提升了备课的研究含量。与其抱怨教材编得不好，脱离学生的现实生活，抱怨学生没有学习兴趣，不如去做这些具有实际意义的事情。这样的话，教师的教育生活就有了挑战，备课组就有了愿景，有了分工合作——团队就生成了。

备课组完成向团队转型的凤毛麟角，因为首先需要至少一位教师的"觉醒"，其次，他还要能把其他教师都动员起来，振奋精神，大家一起做事。这不是简单的事。

教师需要有一双慧眼，去选择适合自己发展的团队，让自己在做具体的事中成长起来。从这个意义上讲，加入一个好的团队，是在寻求一种成长的有效引领。

不少刚刚从教的教师是非常有教育热情的，但学校的条件和环境、功利性极强的业绩评价，都在不断消磨着教师的进取心以及对于教育的探索热情，要不了几年，就被环境"同化"了，也陷入职业倦怠或甘于庸常。这样的例子实在是太多了。如果教师能够根据自己的实际情况，加入一个团队，或许就能走出低谷，迎来了加速成长的"拐点"。

如今资讯发达，社交网络发达，寻找到自己想要的信息和倾慕的"圈子"并非难事。再如，现在各级各类官方或民间的名师工作室、名师发展联盟也非常多，只要自己乐意，没有成长团队会拒绝的。

除了加入某个团队，教师还可以自己组建团队——寻找志同道合者，一起做一些改变自己的生命状态的事，比如研讨教学，进行教学改革，读书，等等。

团队的力量是很大的，确实能改变人的状态，进而改变人生走向。好的团队，做正事，有引领，有希望，有活力。在好的团队里，迷茫的能找到方向，消极的能看到希望，倦怠的能不断被充电，找回久违的热情。大家一起"赶路"，向着精神朝圣的方向，不至于自己一个人走，孤独、恐惧、退缩。这是教师成长需要寻求团队的深意。

不管是融入一个团队，还是自己当领导者创建团队，都是重新选择了一种生活，这种生活与原来的生活可能是完全不同的规则。这种改变是一种挑战，是一次历险，因此更是一种提升。教师一定不要放弃经营精彩的教育生活最重要的手段——向好的团队借力。

21. 用笔发现教育生活的乐趣与光彩

朱永新先生曾在新教育实验的年会上作过一个很有影响的报告《书写教师的生命传奇》。

用"传奇"二字来形容教师的生命和生活，非常浪漫。其实，教师的职业生活中少有惊心动魄的时刻，更多的是心平气和、润物无声、坚守与坚持。

说句实话，教师的教育生活不仅不会有传奇，而且很容易走向单调、平淡和乏味，再加上不当的教学业绩考核和管理等，教师极易陷入职业倦怠。

所有的职业都存在从业者职业倦怠现象，只是程度不同、影响范围大小不同，很多职业不被人们广泛关注罢了。所以，不应过分渲染教师的职业倦怠。当下，小人物的生存都不容易，压力都很大。

教师倦怠了，怎么办？

如果感到单调、乏味了——说明自己还没有麻木，还有救，那就自己寻求"刺激"和"变化"，发掘自己每天从事的工作对自己的新价值、新意义，找回乐趣与成就感。

如果感到憋屈、愤怒——说明自己还没有"沉沦"，也有救，那就做"斗士"，选择"出走"——肉身的或精神的，坚持站在良知与正义一边，用坚守的行动和文字与坏评价、坏管理"争世界"。这仍是重新发现自己工作的新价值、新意义和新乐趣。

如果教师的生活真有"传奇"，那只能是不庸俗、不屈服和不放弃。

创造自己的"传奇"，有两件事应同时做起：

一是对不满意的生活和世界有所反应，积极行动，突破原有的生活模式，改变生活状态，换心态换活法——哪怕是一点点改变，就有可能带来"蝴蝶效应"。

二是细致地感知生活的美好与乐趣，体味人生的意义和价值。怎样"细致地感知"？非得记录、沉淀下来不可。所以，对于有所追求的教师而言，写作必不可少。

能把教育生活中有感触的事情写下来，就是一种积累、沉淀，否则，日子一天天过去，很多本来很有感触的事情慢慢就淡忘、消散了，这样你怎么去感知？可能你也想了、思考了，脑海中也时常有些认识，但那些只是碎片式的念头，不可能细致，日子长了，还会变淡。能写出来，必然就会思考，通过"咀嚼"甚至是"反刍"，事情背后的一些道理自然会透析出来，成为自己成长的精神营养。

记录下来了，在互联网发达的今天，发到个人的自媒体平台上，就是一种发表、传播，若得到别人的评论、呼应，要么会强化自己的一些观念，让自己更加坚定和执著，增添坚持下去的能量；要么自己原有的观念会受到冲击，激发自己对工作、对生活、对世界产生新的认识与想象。

细致地感知生活、记录生活，因生活的琐屑、烦恼而被遮蔽起来的很多东西才能够被发现出来。教师工作的乐趣与光彩，会在写作中被发掘；教师自身的价值，会通过写作而更加凸显。

22. 如何写好 "李镇西式" 教育叙事

如何去记录教育生活，用笔发现教育生活的乐趣与光彩，或者如何开展教育专家常说的教育叙事研究，其实是有些讲究的。

学习写教育生活，也有榜样，比如名师李镇西。李老师是写教育生活的高手，其影响很大的著作《爱心与教育》等，就是记述自己和学生之间发生的事情。

不过，李老师的文章风格也被质疑，江苏名师王益民老师就撰文说，李镇西的文章只能算是教育叙事，不能算是教育叙事研究；因为李镇西影响很大，如果老师们也都像他这样只叙事不研究，对提高专业水平帮助不大。

李镇西则带着调侃口气回应说："现在普遍的情况是老师们不敢写文章，因此需要的是鼓励，让他们拿起笔，哪怕开始只是写故事，也不要紧。其实，能够把故事写好已经相当不错了，毕竟老师们不是作家。在这基础上，能够有些研究性的文字当然很好，不过，如果一时没有，也不要紧的。"

两位老师的意见都值得重视。王老师的担忧是——老师只是这样写，会不会长进不大，浪费时间精力？

"李镇西式"教育叙事的特点就是记录教育生活故事，不刻意地大段说理、议论等。这样的文章有价值吗？老师长年写这样的文章有意义吗？当然有。李镇西老师的专业成长就是例证。

现实当中确有这样的老师，而且不在少数：很喜欢写文章，或者因为培训、学习，受到激励后一段时间内也相当勤奋，但文章总得不到认可——换句话说，总达不到教育报刊公开发表的水平；因为不能及时得到外来评价的激励，内心的热情慢慢地耗散掉，又回到了倦怠的原点。

为什么李镇西老师写的教育叙事文章受欢迎，能发表？并不全因为他是名师、名校长，认真研究一下他的教育叙事文章，能够找到一些规律，帮助老师们写好自己的教育生活文章。

（1）选题最关键。

要选择能够让人产生情感和思想共鸣的事情来写。教师每天都很忙，事情虽多，但大多比较平淡，哪些事情值得记录，需要判断、取舍。一般来说，能引起自己情感波澜、情绪波动的所历所见所闻，打动读者的几率会更大些。一堂比较顺利、精彩，或者磕磕绊绊、极为艰难的课，让自己忍不住想多说几句的学生，等等，都可以成为写教育生活的素材。

（2）把事情叙述完整、清楚。

事件的经过、自己的情绪变化和心理活动、人物的表情、讲话时的语气、当时的场景，等等，都可以细致地描述，尽力还原"教育现场"。这样一来，文章就会显得生动，有感染力。

很多教师读李镇西的文章能产生共鸣，受到震撼，就是文章勾起了读者的回忆、想象与思考。可见，教育生活当中可以写的事情并不匮乏，当时心中有些小波澜，也咀嚼、回味过，甚至与其他老师唠叨过，但认为自己不会写、写不好，就放弃了记录，使自己一次次丧失成长的机会。

事情的背景、过程交代不清，逻辑上不通，语言表达不够规范、简洁——这些都会拉低教育叙事文章的品质。写好教育叙事文章，需要练习把一件事情叙述清楚，语言流畅，表达准确、生动而简洁。

（3）试着从一件事情联系到一类现象，提出几个为什么（问题）和自己的思考。

写文章就是一种思考，没有完全不反思的叙事文章，文章或多或少都会表达一些观点，哪怕是几句感慨，也是一种认识的提炼、升华。这是从教育叙事到研究的基础。同时，开始有意识地去查阅与这类教育现象、教育问题相关的资料，阅读相关的专著。

（4）如果事件中有冲突，拿自己"开刀"，真诚反思自己在事情中所承担的责任，以及改进思路。

直面自己、剖析自己，是教师的一种"教学勇气"，更是一种教学智慧。没有这种勇气和智慧，教师在专业上不可能成长。

教育叙事若以"思己过"为主题，教师就走上了内省、修身、成长之路。常思己过，教育境界就会提升，思维方式和心态会有一个大改变，师生关系会改善，处理学生问题会得心应手，水平也会提升，这时还会感受不到成就感吗？如此写教育生活，就赋予了教育生活一种新内涵——教师不只是在教学生，也是在进行人生境界的修炼提升。

这样写教育叙事，写得多了，成为习惯，教师会在两个方面得到提升：

• 修炼出二郎神的"慧眼"。能够观察、捕捉到以前不曾留意或者习以为常、认为不是问题的问题，即提升了"问题意识"，所写的文章能引发读者去关注教育现象，思考教育问题。

• 思维品质提升。叙事的立意比较明确，要表达、传递的价值观会很清楚。随着所写文章不断增多，会构成自己解读教育教学的"问题群""研究链"，揭示教育的一些"秘密"。

23. 如何让教育叙事通往研究

王益民老师担忧的情况是存在的。随着"李镇西式"教育叙事文章的增多，一些教师会进入写作模式化的瓶颈期，有勤奋的教师，一年能写四五十万字，但能够得到教育报刊编辑青睐的文章屈指可数。

《教育时报》曾刊发一位"新生代"班主任的一篇教育叙事文章：

> 男生宿舍的一个水龙头坏了，却没人愿意站出来说是自己弄坏的，最后在德育处领导的逼迫下，宿舍多数男生指向了阿明，但阿明很委屈，理直气壮地不承认。
>
> 德育处领导只好把这件事交给这位班主任来处理。这位班主任最后"很艺术"地处理了这件事：面对阿明，他先用"激将法"，说男子汉要敢做敢当，后坦然地说出于维护班级荣誉，自己拿出 100 元钱，让阿明交给生活老师……最后，阿明还给班主任 100 元，承认是自己干的。通过这件事，这位班主任阐发了"班级管理的艺术"。

读这篇文章，我的第一反应是班主任处理问题的方式不对。

从生活经验出发，阿明很有可能被冤枉了——水龙头是有使用寿命的，况且现在的水龙头大多质量一般，卖家说能使用 5 年，实际不到两年就会出问题；阿明只是比较倒霉而已，恰好在他使用时，这个水龙头的"大限"到了……问题在于学校的规定，是不是谁在使用时水龙头坏了，就要由谁来赔偿呢？如果纯粹搞破坏，毫无疑问不仅要赔偿，还要受到惩罚；如果正常使用时，水龙头坏了，则不应由个人来承担责任。

班主任在处理这件事时，应考虑到这一点。至少要仔细询问水龙头损坏的情况，如果不是故意搞破坏，就要向学校据理力争；退一步说，阿明损坏水龙头，是无缘无故的吗？破坏行为的背后都是学生行为习惯差、品质不好的问题吗？是不是另有隐情？

很遗憾，从文章看，生活老师、德育处领导和班主任，都没有探寻原因。班主任以维护班级荣誉名义自己拿钱让学生交给生活老师，看似很洒脱、大度，却是在利用学生的"义气"来逼学生"就范"。德育处的做法更不妥当——用威胁的方式让学生相互指认，这种做法本身就不道德，能给学生什么"德育"？！

这位班主任把这件事情作为佐证某种教育艺术的案例，只看到了一个点，没有做更多、更深的思考。教育叙事如此写下去，不仅对教师专业成长无益，甚至还有害。原因在于文章的立意窄狭、思考浅薄。

倡导教师写教育生活，一个重要的目的是促使教师恢复对教育生活的"感知"，更多地发现真善美、批判假丑恶，推动教育生活走向更美好的方向，但是"写"本身并不自然带来教师感知力的提高。感知力是一种综合能力，其背后是专业知识、思维能力以及一定的视野和见识。这些必然需要教师广泛读书，多渠道接收信息，实践与沉思并重，才能一点点积淀起来。

但是，忙碌阻碍思考，封闭禁锢思想，尤其当学校的教学导向是非常功利的目标时。这种状态下，教师会对教育生活渐渐失去敏锐的感知力、美好的想象力，按照名师吴非的说法就如"跪着教书"。

教育叙事文章写到一定阶段，即不再畏惧写作、文章也有一定积累量后，有必要回头重新审视自己的文章——是不是"叙事多、反思少"，思考是不是浅尝辄止，文章的立意、提出的观点是不是经得起推敲与质疑。

• 对文章关注到的事情、提出的问题等，再次进行解读，看有没有新的认识。

　　• 有没有新的观察和思考角度，能不能提出一些新的问题。对于新问题，按照"问题是什么—怎么产生的—实践策略"这个步骤继续写下去。

　　• 跳出作者视角，从读者角度，对文章挑刺，看能提出多少质疑的问题。

　　这样的练习或者说重新修改文章的过程，就让教育叙事走向了研究，其收获要比继续写同一模式的文章大得多，文章的思想含量也能上升一个层次。除此之外，还可搜集别人的教育叙事做解读练习，如作者通过文章表达出来的教育观是什么样的，他处理问题的方式如何，等等。别人的教育故事能给自己写作带来素材、角度等方面的启发，同时，多角度审视会促使自己对一些问题的思考走向深入。

　　教育叙事解读练习，是在强化教师透过事件发现和提出问题、理性分析和解决问题的能力，提升"研究素养"。经过这样的锻炼，教师的教育叙事会逐渐成为教育叙事研究，而教师也会因此向研究型教师更进一步。

　　研究型教师是教师职业生涯发展中的高级状态、理想状态。从一定意义上讲，成为研究型教师，绕不过去记录教育生活这个阶段。早有教育专家论证，教育叙事研究是最适合中小学教师做的研究。故此，建议重视专业成长的教师重视写教育生活，一是积累做研究的第一手资料，二是做好"研究素养"的训练与积淀。

24. 写有主题的教育日记

写日记是非常好的习惯。教师能有这个好习惯，写教育生活，做教学反思就是非常自然的事情，如果再能够有意识地整理自己的日记，专业成长就"如虎添翼"了。

D市一所中学的副校长从自己一个月的工作日记中选出11篇传给我看，询问能不能在报上发表。

这位副校长教地理课，很用心，年轻时自费订阅专业期刊，学一点儿就在自己的课堂上实践，所以教学水平提高很快；学校组织教研活动，讲公开课，别人都躲，但她不推辞，锻炼机会就比较多。就这样，她从在学校里上优质课起步，拿到了市优质课大赛一等奖、省优质课大赛一等奖，还成为了河南省地理学科教学带头人。后来，市里选拔干部，她被任命为副校长。

她说："每天所做的事都很平凡，但自己觉得都还是有意义的，别人也许和我一样都在做，但他们未必写出来，我有勇气拿出来给人看就是一种胜利……"

她的每篇日记都是从上午写到了晚上——巡视校园的观察与感受，与哪位老师谈了什么话，布置和检查了什么工作，开了什么会议，听了哪位老师的课，怎么评课和指导的，读了哪些文章或者书，有了什么想法或感受，等等，记录得很翔实。

从日记内容看，她每天的工作头绪比较多，但还算有规律。日记里记录的与教师交流、评课指导、校务管理感受等内容很有启发性，可是每篇的主题不鲜明，一是无关的信息较多，二是一个问题或者话题没有深入探讨下去。如果要发表，就需要做大量的整合、修改。

我建议她在以后写日记时多做主题性的记录和思考。

我举了一个例子：一篇日记里谈到了学校要迎接一个检查。一大早，校长在积极准备材料，各个组的老师们也在为检查做准备，但左等右等，检查组始终没有来，大家心里都不大乐意。但在之后几天的日记里，却没有出现对这次检查的记叙。这是一次什么检查？学校为迎接这次检查做了哪些工作，从学校工作和发展的角度，这类检查有何作用与意义？作为学校领导，自己认为学校需要或者欢迎什么样的检查或指导？老师们对于检查都是什么态度？由此引发开来，教师需要什么样的检查和指导？这对管理学校有什么启发？

这样写，日记的传播价值或许就更大了。

日记大致可以分为两种写法。一种是"按日填注"，即所谓的记流水账，从早到晚，把所见所闻、做的事情有详有略都写出来；一种就是"记事体"，以重要的事与所思所感为主。

教师不像社会名流，其"按日填注"的日记再琐碎，也有人关注。教师写教育日记，当然也是在为自己保留一份珍贵的教育生活记忆，但最重要的价值在于促进反思，并且积累促进深入思考和研究的第一手资料。

日记作为个人的生活记录，教师也可以非常随意地写，随后根据写论文、做研究等需要，再做梳理、整理。这样的梳理、整理能够让教师在"行"之后主动地去寻求一种"知"，把"知"准确地提炼出来，甚至传播出去。所以，相比较而言，写主题式的日记，效率更高。

按照主题来写日记之所以可行，主要是思维的转换——把按照时间顺序的写作习惯改成按照事情分类，也即以主题的方式来分别记录。

教师每天的工作头绪越多，就越需要用"主题化"的思维把自己的精力、工作集中起来，聚焦在对自己的成长真正有意义的地方。至于什么是对自己有意义的，不同的人有各自的理解，但"聚焦一处"终究是不会错的。这是教师在烦琐的教育生活中能做出一些成绩、成就自我、实现自我价值的保障。这种思维当然也适合于写作。

25. 主题教育日记的例证

刘古平先生赠送了我一本书《一个小学校长的日记》，这是他父亲刘百川先生在民国二十年（1931年）做小学校长时所写日记的节录。这本书曾在1933年由上海开华书局出版，时隔近80年由华文出版社再次出版。书中收录了刘百川先生从1931年7月1日到9月6日的日记，68篇日记按照日期顺序一篇篇排出来，也没有设置标题，保持了日记的原态。借助这本不厚的书，我得以了解有点神秘的民国时期的基础教育。

刚看这本书时让我对写有主题的教育日记的观点产生了一丝怀疑，不过，一篇篇读下去，我又自信起来：刘百川先生的日记表现出很强的主题性，能够佐证我的观点。

日记有没有主题，一个很简单的判别方法就是：能否为一天的日记拟出来一个能概括或统领内容的标题。

在7月1日的第一篇日记中，刘百川先生写了自己被任命为新民小学校长后的所思所想。刘先生做教员时，对于校长的做派总是有些不满意，心里常想自己做校长时会怎么做。但是当自己真的接到校长的委任状时，不但不欣喜，反而有些不安、顾虑重重，担心自己不能胜任。刘先生写得非常真实，这是有责任心，甚至有些追求完美的人面对一件事时常有的心态。最后，刘先生及时调整了心态，下决心尽全力当好校长，同时决定了八个"做事的态度"。

这八个做事的态度，对今天的校长而言也非常适用，能坚持践行，必能有很大的成就，还能使自己成为像刘百川先生那样的教育家。刘先生在最后还谈到了校长写日记的价值："这样的记载，可以供我个人的反省，可以供同事的考查，可以作研究讨论的依据。积之久了，便是学校很有系统的史实了。"

这一篇我拟定的标题是"校长做事的态度"。

第二天刘百川先生去拜访已经退休在家的吴士通先生，吴先生曾做过多年的校长，非常有经验。第二篇日记里记录了吴先生对于做校长的不少经验。比如，吴先生问刘先生"要做一个事务校长，还是做一个学术领袖？"吴先生认为，校长不要做个事务员，而要做校长的事情，就是设计、研究、做计划、定办法、指导教职员工作的方法、领导教职员进修、联络社会和家庭，这便是"学术领袖"。校长还要有法制精神，对于自己的工作时间要有分配，态度要沉着，等等。

这一篇可以拟题为"校长的经验之谈"。

第三篇日记，刘先生记录对于接收学校即与前任校长如何交接的思考。刘先生写道："我这一次去接收，除去注意物质方面，尤要注意精神方面，庶几乎学校过去的精神和事业，不致因我而中断""我这次去接收，一定要打破这层隔膜（指前人不愿意将过去的情形告诉后人，后人也不屑去请教前人，以致学校常有'其人存则其政举……'现象），要和王校长作一次痛快的谈话，共谋学校事业的改进"。

读到这篇日记，我很受触动。现在很多学校显得非常"没有文化"，一个重要原因不就是校长换了，为了突出自己的成绩，就把前任的努力搁到一边，而不管是不是对学生和学校发展有益，重新弄一套，学校没有传承与坚持吗？

这一篇若拟题的话，就是"新任校长如何盘点学校资源"。

7月4日的第四篇日记，记录了刘先生与王校长长谈到夜里 12 点之后总结出的 12 个要点，这也可以看成"办学的 12 个难题"。

后面的篇章里，刘先生详细记录了对聘请教员、学校组织系统设置、教务安排、学校设施整修、选择教科书、学生训育等等问题的思考与安排，有的是一篇的篇幅讲完，有的则是连续几天的日记写一件事。比如围绕学生训育，刘先生就从训育标准、训育内容、训育制度、儿童自治、训育周的设计、个别训练纲要、公民训练、早会训练、夕会训练、周会思考、环境布置、标语安排、场所布置等连续写了 13 篇日记。随后的日记里还记录了训育中遇到的问题、对策等。这些构成了一个学生道德品质、行为习惯培养的设计方案。

读完这本书，我有两点感慨：

（1）教育教学没有太多的新问题，即使看起来是一个新问题，也常是一个老话题换了一个新情境而已。当代教育者困惑、探讨的问题，前人都有所涉及，后人则仍会继续困惑、研究。人性和人心朝向未变，教育的核心问题就不会变。故而，搞教育探索、教育创新，先要检索、研究前人的经验，否则就可能无谓地浪费时间和精力，甚至贻笑大方。比如德育，现在很多学校甚至名校从立意到措施均不及八九十年前的新民小学。

（2）当代教育者需要多记录教育生活。当代教师、校长记录与反思自己教育实践的文字少，而冲着名利去的价值含量不高的论文多。建议老师们，尤其是小学校长，读一读这本书，它会让你震撼，同时能够促使你去研究教育日记的写法，研究怎么去整理教育日记。

有教育追求的教育者，教育日记积累足够多，同样能整理出一本反映当代教育生态、呈现当代教育思想和实践的"教育学"著作。

这样的著作也会是后来的教育者最乐意看到的，因为在富有思想内涵之外，它真实、细致地记录了教育生活的"烟火气"，具有超越时空把人带回往昔时代的艺术魅力。

写教育生活，就从今天开始吧。

第六章

写学生故事

26. 为什么教师人人要写学生故事

　　说起写学生故事，可能有教师认为，这只是班主任的"功课"，学科教师没有必要。这是错误的或者说有点短视的认识。原因大概有这样几点：

　　（1）制度设计要求每一位教师，尤其是青年教师人人都要有班主任工作经历。事实上绝大多数教师内心并不情愿担任班主任。担任班主任，工作量至少增加一倍，事务烦琐，要担负"无限责任"，但付出与收获不对等——经济上，班主任津贴低；精神上，缺乏激励和职业上升通道，在大班额、学生顽劣、学生家长不积极配合、学校管理手段和评价机制单一等情势下，担任班主任增加的只有压力，成就感较低。

　　为了将班主任工作安排下去，很多地方、学校出台规定，教师职称晋级必须有班主任工作经历。有的学校，甚至刚入职的教师就要担任班主任。一定意义上，现在已经进入了"教师人人要做班主任"的时代，有些师范院校已经在考虑开设班主任课程。

　　（2）班级建设、学生成长引导等责任压于班主任一人的"班主任制"面临改革，班主任从"一个人"到"一个团队"是未来趋势。

　　中国中小学的固定班级制基于一定的历史文化传统，在促进学生学业进步、健康成长等方面有着巨大的组织优势，但这种优势的发挥是有前提的：班主任专业化水平高，且能够投入大量的时间与精力。"一人担责"的班主任制显然很难同时满足这两个前提。

　　随着新课程改革不断深入，也是为了充分发挥固定班级制的优势，很多学校，如深圳中学、南京外国语学校仙林分校、河南省第二实验中学、鹤壁市淇滨中学、济源市济水第一中学等，自发地对班主任制进行改革，其改革形态、名称各异，如导师制、辅导员制、班级组等，但核心都是让班主任从"一个人"发展成为"一个团队"，这个团队里，更多的是学科教师，还有学生家长、学生等。改革在很大程度上消除了班主任制"一人担责"的弊端，提升了教育教学质量，还带动整个学校教育生态的改变。

可以预见，随着教育改革持续推进，特别是"选课走班""在线学习"等新的教学组织形态落地，"班主任专业化"将是所有教师都要面对的课题。

（3）被割裂的"教书"与"育人"重新走向统一、融合的现实需要与时代趋势。

班主任角色是随着班级授课制的完善与普及出现的。我国现代教育制度建立之初，这个角色曾被称作"监学"或"舍监"，目的是保障课堂的平稳秩序，让教学顺利进行。要保持秩序，在"监管"学生的同时，也一定会有"训育"的成分。现在提到班主任工作，常常对应着"班级管理"的概念，实际上这个"管理"中不光是管理，更有教育。

可是，正由于有了专门司职管理、教育学生的班主任，学科教师就只管"教书"了；又随着知识传授与应试的压力不断加大，中小学里普遍出现"管理成分太多，教育往往不足"的现象，其后果就是学生不"听话"（事实上是是非不清、美丑不分，认知能力、规则意识、独立精神缺失）的情况在增多，良好的学习秩序和氛围难以保持，反而又影响"教书"。

现实的教学困境、"'立德树人'教育根本任务"的提出，都在要求每位教师必须提升育人能力。

很多教师恐惧课堂，说到底是搞不定课堂管理，所以教师实际上人人都面临着融洽师生关系、研究学生、与学生有效沟通的问题，而写学生故事，就让教师有了抓手、切入点。通过写学生故事，促进教师深入"发现"学生和沉淀思考，提升德育自觉，以及育人的智慧和能力。

写学生故事，有助于教师成为学生成长的引领者、指导者，做学生生命中的"贵人"。

27. 写学生故事，写什么

为什么学校在维持一种有益于学生学习所需的秩序时，管理的成分在增多，而教育不足？在探寻这个问题之前，有必要思考管理（监管）与教育（训导）的不同。

管理，是以达成一定的组织目标或管理者的一些喜好为目的的。管理看重的是结果，可以不深究过程，甚至可以不必纠结被管理者的体验和感受。很多以创造性劳动为主、生活与工作界限并不十分明晰的单位也要考勤、要求员工"坐班"——你心在不在无所谓，只要身体在就行——就充分显现了管理的特点。

人力资源管理最直接、有效的手段无非是两个：威逼（利用人恐惧伤害的心理），利诱（利用人的贪婪本性）。各种各样的管理手段均是这两种方法的变种，有的可能给人留点脸面，显得隐晦些。

教育，在一定程度上也是要达到教育者既定的一些目标，但其目标核心却是受教育者的成长与改变，让受教育者学会自律、自省、自我教育。

苏格拉底说，"教育不是灌输，而是点燃火焰"；第斯多惠说，"教学艺术的本质不在于传授本领，而在于激励、唤醒和鼓舞"——都是在追求受教育者内在的变化。教育看重"过程"的意义，即关注受教育者的学习感受与体验。说教育过程即教育目的，就是这个意思。

举一个非常普遍的例子——校园的卫生。很多中小学做这件事就停留在管理的层面。比如，划分班级卫生责任区，每天有专人负责卫生检查、打分、排名，每周评比，或表彰或批评，如发流动红旗、黑旗等。

很多班主任对学生常常以班集体荣誉来"教育"学生，要争好名次、争红旗。为什么要打扫卫生，打扫卫生有何意义，卫生的"背后"是什么？这些问题却很少引导学生去思考。

我到学校采访，常发现学校有"卫生死角"，要么是刚刚打扫完的楼梯、教室，不到十分钟，就有痰迹、烟头以及食品包装袋出现。只有在极少数学校，能观察到学生有非常好的卫生意识和习惯——废纸、包装袋、饮料瓶等垃圾分类放，学生不会随手丢弃垃圾，发现地上有了垃圾，能很自然地随手捡拾起来，等等。这种对比现象就显现出管理与教育的差别。

管理所需的技术含量不高，只要根据目标，提出一些要求，制定一些规则，然后检查、评比、奖惩就行了。管理的成效往往会不佳，一者因为管理手段受条件所限，存在监管盲区，二者被管理者不认同管理理念，但没有话语权，"胆大妄为者"就会故意挑战规则或制造麻烦，以此争取空间。而在教育管理中，"威逼"和"利诱"受种种条件限制，不可能无限升级，就有失去效力的时候。

既然我们能够洞悉管理的缺陷，为何不转换思路，让教育教学中更多一些教育，少一些管理呢？因为真正做教育的事情，难度大、要求高，需要教育者付出很多心血。如果没有教育情怀，再缺失有效的激励，大多数人是很难持续的。

教育引导学生，有三个层面的工作内容：

• 了解学生。整体而言，某个年龄段的学生有什么样的认知特点，其成长需求有哪些，进而还要关注到一个个具体的学生，如性情、家庭情况和社区环境等。老师的话语和行动想要与学生的喜怒哀乐、成长困惑产生"共振"，观察、了解学生是前提与保障。

• 懂得学生了，才能为他们的成长创造条件和环境，提供有针对性的帮助、指导——也就是韩愈所说的"传道、授业、解惑"。

• 教育学生，说教是一种方法；管理手段的运用是一种方法；创造情境和机会，让学生自己去感受、体验和发现，也是一种方法……种种方法组合运用，才有可能达成教育想要的好结果。针对不同的学生、不同的教育问题，教育方法和实施策略要在实践中不断调整。

写学生故事，就是围绕这些方面进行记录、思考和总结。

现在的学生越来越难以管教是有原因的，一方面，信息传播渠道大大增多，内容极其丰富，这是好现象，但泥沙俱下、良莠不齐，拜金、享乐、唯我、审丑、寡廉鲜耻等不良风气很容易侵染缺乏辨别力的青少年；另一方面，学校提供的教育内容，以及教育方法却并没有随着社会进步有大的改进，简而言之，还是"管理"加"说教"。老师擅长说教，却难以打动学生、说得过学生，学生很容易为自己的各种不良行为找到辩解之词。

社会环境变了，学生变了，老师却还期待着三言两语就解决问题——让学生听自己的。老师所倚重的是自己的角色权威或者学校规章制度的"威慑力"，在老师眼里，这两点都是不容学生挑战的。所以，老师尤其在意学生的态度，要驯服、认错，不管学生内心是不是真的认同，只要表面上低头了，老师也就认为教育完成了。

写学生故事，更需要直面这些现象，展开反思，通过写作，梳理、总结出自己的一套科学实用的育人方法，以便让自己能从容面对各种各样的学生。

28. 写学生故事，在何处"用力"

"只有当了班主任才能体验到当老师的乐趣，才能拥有像自己的孩子似的'亲'学生，也只有当了班主任才有可能让自己不成为学生生命中的'过客'……"这是一位体会到了教育乐趣的教师说的一段话。

这段话讲得很精彩，讲出了教师职业文化的精髓——教师的价值主要在学生的成长中得到体现，获得增值，变得完整，教师的职业幸福也主要来自于学生的成长和认同。

相比学科教师，班主任有更多与学生接触、交流的机会，但同时，也劳累、辛苦很多，而且必定要受学生的气。不过，如果不经历这些，怎么会成长呢？其实难以管教的学生，就是班主任的成长"砥石"；所谓的乱班、差班，就是班主任的"练兵场"。

优秀的班主任或专业的班主任，都是那些善于与学生相处，并能够对他们成功施加良好影响的班主任。这种能力，毫无疑问与人格、气质相关，更多的应是在教育实践中修炼出来的素养。

学生带着家庭以及居住地周边环境影响的烙印步入学校大门，不可能个个上进好学、知书达理，即使是上进、好学的，兴趣、个性、智力发展水平等也不一样。此外我国目前教育发展极不均衡，优质学校短缺，对学生发展的评价一直以阶段性学业考试成绩为主，而且强调学生之间的比较，目的就是进行选拔。这就导致中小学"制造"了大量的"学习失败者"。

这部分学生在课堂上、学校里体会不到快乐，也找不到自信，因此更体会不到的尊严感、自豪感。本来，该做出改变的是学校教育，而学校却要求这部分学生去适应原有的教育生活，否则就被淘汰。这样，师生冲突在所难免，有些学生选择对抗，表现出叛逆性和破坏性，有的默默忍受，有的则开始扭曲自己、伤害自己。

教师职业的困难就在于要在夹缝中舞蹈。面对这种窘境，决定教师选择的，是教育良知与教育智慧。

真正优秀的班主任，不会去做加剧教育异化的事情，不会把学生当作自己谋求名与利的工具。在他的眼里，学生的考试分数、班级的名次或荣誉不是"天"，他的眼里还有"人"，有学生的喜怒哀乐，有学生的身心健康，有学生的未来，甚至有国家与民族的进步。

真正优秀的班主任不会放弃自己的教育责任，不会轻易放弃任何一个学生，尽管学校的管理与评价有时会掣肘，他还是会尽力去帮助学生学会适应，创造机会去舒展那些被压抑的学生灵性，让他们的天赋得以显扬。

优秀班主任的内在品质有共通之处，比如好学、有同理心、懂得自省、乐观等。这些好的品质，可以说是成为优秀班主任的必要条件，但并非充分条件。他们做好了两件事，所以才成为了优秀的班主任：一是"思考教育"，二是"研究学生"。

不管最初是主动的还是被动的，优秀的班主任都对教育的本真追求有过思考，学习与想象过"什么是美好的教育"，对教育要做什么、怎么做进行过深刻反思。对教育的研究让他们最终都认识到：教育不是按照自己的意志或者僵化的教育评价标准去"塑造"学生，教育所要做的是为学生的"自我主导发展"提供支持和帮助。这种教育信念的建立会使教师开始进行学生研究。要为学生提供成长支持与帮助，首要的就是深入、准确地了解学生，清楚他的成长需求、成长障碍以及未来发展的可能性。

写学生故事，也要在这两个点上"用力"——思考教育，反思自我；研究学生，反思方法。

江西省南昌市青联学校有一位叫吴小平的语文教师。她是班主任，从十几年前就开始坚持家访，回来之后再把家访的见闻、感受等记录下来。现在的沟通方式已经相当丰富和便捷了，但吴老师依旧保持着每周两次家访的习惯，她说，不到学生家里去看看，不和学生家长坐下来聊聊，就无法真正了解学生的成长环境，不会知道学生和家长的一些真正想法，"家访是走进学生心里的一条捷径，能帮我掌握学生成长的第一手资料，从不同的角度认识学生"。

进行家访其实就是研究学生，吴老师还坚持写家访日记，这就更不错了，因为写作能引发深入思考，沉淀出智慧。

在研究学生方面，教育家苏霍姆林斯基早已为我们作过示范，读过《给教师的建议》的教师都会有很深的体会。像苏霍姆林斯基一样理解学生，观察学生，记录学生故事，在反思中研究学生，不断调整自己的教育行动，教师就走上了专业成长道路。

29. 写学生故事，揭示教育成功的秘密

《读写月报·新教育》曾用一期的容量刊发了长篇学生故事《插班生林可树》，引起很多人的关注，有人赞扬，也有人批评。后来，故事与优秀评论结集出版。

建议教师，尤其是小学教师读读这本书，不仅能获得一些教育启示，还可以借鉴写学生故事的方法。

《插班生林可树》的作者叫杨聪，是福建省苍南县灵溪镇灵江小学的语文教师，他不是班主任，却担当了班主任的责任；他的记录让我们知道了中国农村的小学里每天都在发生着什么，中国最普通的小学教师、小学生都是一种什么样的状态。

在杨老师的描述中，林可树这个三年级插班生初来时，是这样的状况：

（1）来自单亲家庭，跟着母亲生活，母亲虽很爱他，但忙于生计，平常无法细心照顾他，也无力辅导他的功课。

（2）由于成绩特别差，导致进入恶性循环，被贴上了"问题学生"标签。

（3）由于内心自卑、孤独，表现出来的行为是憎恶学习，与老师、同学为敌，脾气暴躁、执拗，常因骂人打架而被"叫家长"。

在原来的学校待不下去后，妈妈托关系把林可树转到了杨聪老师所在的学校，其新班主任是年轻的女教师陈老师。陈老师教数学，教学时间不长，担任班主任也只是第二个年头。她和很多老师一样，特别在意学生的成绩，对于班级平均分、及格率和优秀率等关涉班级荣誉的事情

异常敏感。所以，林可树虽然换了新学校，实际上他的成长环境并没有改变。幸运的是，林可树遇到了教语文的杨聪老师，校园生活境遇才有了改善。

综观全书，并不是杨聪老师有多么神奇，而是他表现出了一个成人对一个孩子应有的态度，以及一位教师应有的专业素养。

（1）对林可树有深深的理解与同情。他理解那些所谓的后进生、"问题生"的内心痛苦；懂得他们也渴望进步，渴望得到老师和同学认可、尊重，想融入班级的心理；理解他们外在的刺猬形象，不过是为了昭示自己的存在感，维持仅存的一点点尊严感。

（2）因为理解、同情，所以懂得宽容，懂得尊重。比如同样是没有完成作业，杨老师不会像有的老师那样声色俱厉地训斥，而是适当降低标准，宽限时间……

（3）能看到学生的优点、长处，所以能因势利导，抓住教育契机。在很多老师眼里，林可树无可救药，但杨老师了解到林可树懂得母亲的辛劳，在家里抢着帮母亲扫地、洗碗，自己的房间也收拾得整洁有序；还看到林可树讲义气、重感情、有责任心。

（4）杨老师也生气，但他善于控制情绪，懂得沟通方法，即使林可树屡屡出状况，但总能通过较好的沟通，让林可树受到触动，得到教育。

当然，杨聪老师也不是十全十美，所以有一些评论也非常犀利，认为他的有些做法也不对。这恰恰是教师写作的可贵之处，即真实，这才能够引发教育反思，促进教师专业成长和教育改善。

尽管不完美，但杨聪老师所做的还是产生了很大的教育作用，一个学期里林可树发生了变化：

（1）不再以错误的方式，如"敌视""对抗""动拳头"来对待老师、同学，而是学会了沟通、讲理，不再在心里与老师较劲，能够主动对老师说出自己的想法、意见。

（2）有了反省和自我管理意识，与同学的关系改善了很多。

（3）对读书有了兴趣，在学习中体会到了一些乐趣，在作业、作文中能够看到他的认真、努力。

在学期末，林可树找到班主任陈老师，表达了想继续在这个班里读下去的愿望。从对学校、读书的厌恶到"在这个班读，我就开心了"的自言自语，林可树的变化让陈老师都感到心情舒畅了。

林可树的这段成长故事值得教师反思：后进生、问题学生是怎么产生的？他们最需要什么？想要改变他们，要从哪里做起？

1931年，陶行知先生为刚创刊的《师范生》写了两篇文章，他在《师范生的第一变，变个孙悟空》中写道："教育是什么？教人变！教人变好的是好教育。教人变坏的是坏教育。活教育教人变活。死教育教人变死。不教人变、教人不变的不是教育。"

能够称得上是教育的，必须是能够让教人向善，让人增长才干的系统化行动。作为教师，最应该分享、传播的就是教育成功的智慧。杨聪老师写的这个学生故事就展现了"好教育"的力量，从中我们也能发掘他写作成功的一些经验。

• 选准关注对象。后进生、问题学生，老师们都会遇到，而且他们常常让老师们头疼，所以大家都会比较关注，易于引起读者的阅读兴趣。

• 呈现信息全面，坚持写作。杨老师对林可树的描述很"立体"，一个学期46篇文章，按照时间顺序，真实记述林可树一点点的变化，"前因后果"的发展逻辑很清晰。

• 语言流畅，场景、人物神态、对话、心理活动等等描写细腻，有感染力。

这些很值得教师在写学生故事时借鉴学习，通过一个个学生改变的故事，揭示出教育成功的秘密，使之广泛传播，成为常识、共识，进而真正成为每一位教师日常的习惯行动，让每一个学生都能遇到"好教育"。

*30.*写学生故事，探究教育真问题

　　江苏省苏州市苏州工业园区星港学校吴樱花老师的著作《孩子，我看着你长大》，也是学生故事的范本。故事中的学生叫宋小迪，是不同于林可树的另一类"问题学生"。

　　宋小迪非常聪明，思维活跃，会弹吉他，善打篮球，还会画漫画，而且成绩也不错——按照惯常的评价标准，这应是一个"好学生"，但他在老师和同学眼里却是一个"恶人"。

　　宋小迪的父母离异，随再婚的母亲生活，母亲对他十分宠爱，甚至到了溺爱的程度——这使得宋小迪从小就随心所欲、不守规矩、唯我独尊、行事张扬霸道。比如，目无尊长，课堂上随意接老师的话，顶撞老师；在走廊里拍篮球，往教室干净的墙壁上拍球；晚上宿舍关灯之后仍然违纪说话，穿着鞋踩下铺的床单……

　　对于宋小迪，很多老师的意见要么是"打击其嚣张的气焰"，要么是"淡化处理"，不在他身上倾注太多时间和精力，只要他不是过分得没边，随他去吧。吴老师没有按照这些思路来对待宋小迪，她说宋小迪虽然有太多的坏毛病，但优点突出，仍是可造之材，值得花时间和精力给予成长的正确引导。再者，吴老师所带的班级算是年级的"差班"，学校的各种评比，班级总是垫底，不少学生有破罐子破摔的思想，而宋小迪是最典型的代表。要想扭转班级的风气，整体改变和提升班级学生的精神状态，需要找突破口、关键点，宋小迪就是绕不过的那个点。

　　每一次宋小迪违纪、犯事，吴老师总是好言相劝，宽容他，给宋小迪自我反思、改正的时间。自控能力差，问题反复，是所有问题学生的

弱点，吴老师表现出让人敬佩的耐心、冷静，因此，她一点点地走进宋小迪的内心。宋小迪理解吴老师的一片好心，能够听进吴老师的话，接受她的建议。

吴老师的过人之处是把宋小迪的故事记录了下来，而且坚持了三年，这才让我们有机会看到初中校园里一段真实的师生生活，了解到真实的初中教育生态。

故事以宋小迪取得昆山市中考成绩第一名结束，这是圆满得让人感到有点不真实的结局。出人意料的成绩让吴老师的付出的价值一下子突显出来。虽然用学生的考试成绩来评价一个教师的工作是不全面的，但不能否认，成绩的确能反映学生一个阶段的学习状态，而且是重要的一个方面，况且，如果吴老师真的像很多老师那样做，对宋小迪或"强力打压"，或放任不管，那一定不会有这个成绩。

可是也正是世俗的圆满，会掩盖我们教育中需要深入反思的问题。比如，我们把宋小迪看作"问题学生"，那么他的"问题"到底是什么呢？是他所做的那些让师生厌烦的事情吗？他的"问题"真正化解了吗？宋小迪真正改变了吗？

宋小迪取得了傲人的中考成绩，在很多老师看来代表着转化成功了——这是非常肤浅的认识。不信，可以看看吴老师在书中的记录——初三的某一天，吴老师和宋小迪又一次谈话时，宋小迪说："吴老师，别以为你把我们改变了，有时候我们是为了讨好你，才在你面前或者日记本里说一些我们自己都很恶心的话。其实你根本改变不了我，我身上很多是不可改变的。"

宋小迪的这番真心话其实应引发教育人的反思。宋小迪让人厌烦的行为背后，有家庭因素造成的桀骜不驯、狂放不羁的个性，也有对公共道德行为规范的无知无畏——哪些是会影响人生发展的障碍性的真问题？而哪些是珍贵的个性？

写学生故事，要对这些问题足够重视，深入反思，才能够找对教育的方向。

在公共领域，无公德，无规则意识，漠视他人权利，这是学生成长中的真问题。引导学生遵守公共道德行为规范，具备规则意识，把别人的权利放在心上，这种德行的培养，以及以此为原点展开对公共领域里人的权利和义务的界定、学习与实践，才是教育或者德育应做的事情。这方面的教育，我们的学校是欠缺的，绝大多数教育者没有深入进行研究实践。

我们的教育也提出各种各样的要求、规范，强调学生服从管理，比如发型要求、限制男女生交往、放学路队要整齐等，却很少去追问这些要求、规范的合理性，是不是侵犯了学生的基本权利，违背了儿童的天性，忽视了学生合理而正当的需求。

这样的教育，不利于培养出学生的公德心，还压制了个性。压制了个性，也就抹杀了其拔尖的可能性。想象一下，像乔布斯这样的人，若在中国接受教育，以其个性，铁定就是不折不扣的差生，创造力刚刚冒头就会被扼杀掉。

对这些，吴老师有所觉察。她说，"并不是所有的问题都错在宋小迪"，"孩子们将在我们的手里变得奴化，奴化得'快乐无比'、心安理得"，而人们"对给予他们思想启迪和尊重的人狂吠不止，怨恨不休"。

造成这种状况似乎是因为校长和老师专业素养不够、缺失教育使命感，那么这个现象背后的深层原因又有哪些呢？在学生故事中，需要对这些问题进行追问。也只有不断追问下去，教育才有变革的动力。

面对现实，只能说林可树、宋小迪幸运，他们在成长的关键阶段遇到了"贵人"。虽然老师只是在他们的生命长河中陪伴他们行了一程，却改变了他们人生的朝向——向美好的方向发展。

未来，宋小迪，还有林可树，他们的学业和发展道路就一路光明了吗？不敢断言。可是，当学生人生中有了这样一段"不被抛弃""走出黑暗""感受关怀和温暖"的经历，他们对世界的看法就会有所改变，内心的人性之善得到滋润，积极向上的状态体验会引领他们去自觉抗拒消沉。善的种子也许会沉睡多年，但得到滋润，那颗善果就已经在孕育之中了。

31. 写学生故事，直面假教育、坏教育

我们的学校里充斥太多"非教育"的事情，却坦然地披着教育的外衣。

如果说林可树、宋小迪很幸运，那同时，一定就有学生很不幸。他们遭遇糟糕的教育，处处得不到理解与尊重，求真向善的生命力量时时被压抑；他们的精神和人格扭曲，要么丧失信心，灵魂枯萎，要么人性之恶一点点被激发，人生步入歧途……

写学生故事，有必要直面假教育、坏教育。从伤痛中总结教训会更刻骨铭心。不信？那么你到医院、监狱或者火葬场走一圈之后，为什么会更加感到健康、自由与生命的珍贵？

先说第一个倒霉学生——张冲的故事。

这个故事取自著名作家杨争光的小说《少年张冲六章》，但作者说真有张冲其人其事。

张冲遭遇的假教育首先来自父亲张红旗错误的教育观念与方法。

作为农民，张红旗特别希望儿子将来能够通过读书上大学跳出农门，出人头地。持这种观念的农民其实大有人在，但张红旗更为偏执。他缺乏正确的成才观念，严格管教，只让张冲学习，其他方面的发展不仅不支持还打压；他也不懂得教育心理和教育方法，只会打骂。

一年级时张冲学了课文《爸爸妈妈》，放学回家帮助妈妈干活，给爸爸端茶倒水，却受到打击："男娃子的心思不能在锅碗瓢盆上。"

其次，张冲的发散性思维得不到老师的支持和正确引导，反而遭受打压。

张冲学习成绩不好，不是脑筋不灵活，而是处处遭受压制，一直得不到赞赏、鼓励，故而对学习失去了兴趣，对学校充满仇恨。课堂上，思维活跃的张冲对课文常常提出与老师不同的理解，这不仅说明他其实聪明，而且还有独立思考的稀缺品质；可在老师看来，这是故意捣乱。从三年级开始到小学毕业，张冲的调皮捣蛋让班主任上官老师特别恼火，就打他，想各种损招折磨他。张冲和老师对立上了。

再次，紧盯成绩的坏教育让"恶之花"疯长。

张冲小学毕业了，尽管成绩一塌糊涂，可张红旗还心存侥幸，不惜花五千元把张冲送到县城读初中。因为成绩差，老师们实际上不怎么管张冲，没有了家长天天在身边的管束，张冲抽烟、留长发、戴耳环……成了"不良少年"。

托关系上了高中后，张冲依然处处违纪，而且很快就和社会上的混混们玩在一起了……

从表面上看，张冲确实不学好，和学校的纪律、老师的要求对着干；可认真研究张冲的行为，就能发现他的内心是有一些是非判断的，因此他的坏中还保留一份善，特别是他有正义感——就是对成人世界中龌龊、丑恶的事极度鄙视和憎恶。比如，高中老师只关心好学生，学校专门为好学生办"火箭班"，而对他这样的"差生"要么不管不问，要么歧视……张冲很看不惯。

他的坏，一方面是人性的弱点或人性之恶的驱使，像好吃懒做，贪图享乐等，而他之前的教育没有教给他自我约束、自我教育的意识与能力；另一方面，则是他的故意反抗，用这种方式来刺激父亲、激怒老师，用这种方式来表明自己的与众不同，或者另一种"强大"。

张冲有着纯真的本性，聪明的头脑，即使在被贴上"问题学生""不良少年"的标签之后，也不是无可救药，而是有着极大的改变的可能性，但他就是这样不幸——没有遇到好的教育者给予点拨、引领。

在高中待了一年多，张冲就干脆不读了，他到一家歌舞团当保安，在这里，他遇到了目无法纪、骄横跋扈的公安局副局长。终于有一天，嫉恶如仇的张冲爆发了：一气之下用小勺子把副局长的一只眼睛戳瞎了。

张冲这次的行为尽管很有行侠仗义、为民除害的味道，但他犯了法，进了少管所。

为什么张冲犯了罪？就是因为他个性强、嫉恶如仇、有胆魄——这样的品质如果得到好的教育引导，用于做善事、成就事业，那前途也许不可限量。可惜，不是人人都那么幸运，在关键时刻，他没有遇见好老师的引导，没有读到几本好书，没能把挫折、打击变成磨砺。

张冲的故事是小说，尽管有真人原型，难免有艺术加工的成分，第二个学生故事则是真实的。

这个学生叫周江波，豫北某县人，差一点"90后"。周江波读小学时和很多农村男孩子没有很大不同，除了稍稍内向点，一样的天真顽皮。他还有一个哥哥，考上了重庆的大学，现在北京工作，而他的聪明机灵按他舅舅的话说，"比会念书的老大还强"，成绩也在中上水平。

读五年级时，周江波在家玩闹时从平房顶上不慎摔下来，胳膊骨折，在医院治疗几个月，因此留了一级。这次留级对他情绪上有一些影响，他开始不合群，还常和同学打架，班主任索性把他安排到教室的一个角落，还命令全班同学不和他讲话，要"视他如空气"。

上初中后，周江波住在离学校比较近的姥爷家。不久后发生的一件惨案给周江波的心灵带来巨大伤害。他的表姐与一个山西男子的恋情出现问题，这个男子一天晚上持镰刀将周江波的舅妈和两个表姐残忍杀害了，据说周江波目睹了这一血案，受到惊吓与强烈刺激。

彼时，不过十一二岁的周江波最需要心理援助，但大人们都忽视了，估计连拥抱、安慰这样简单的行动都没有。农民父母与子女间的沟通太匮乏了，对此我深有体会与观察。

这件事情之后，周江波的性情变化更大了——沉默不语，动不动就发脾气，与人言语不合就动手。因此，他在初中没有待够一个学期就被开除了，因为他一周里能和同学打好几场架。他的舅舅找到学校，说他学习还可以，请求学校收留周江波，但遭到拒绝。

无奈，周江波去了乡里另外一个小学复读。一年后，他再次到乡初中上学，可校长还记得周江波，不收。家里人多次向校长说情，说周江波已经有所改变，这才被再次接纳。但是，没过多久，周江波再次因为打架被学校开除。而和他打架的那个男生并未被开除，执拗且气不顺的周江波在路上截住那个男生，用铁爬犁把男生打成了重伤。因为未成年，周江波进了少管所。

　　从少管所出来，周江波十五六岁，上学已无可能，开始外出打工闯世界，足迹遍布大江南北。农忙时节，周江波也会回家帮父母干农活，每次回来无论自己多寒酸，也要给父母、舅舅买些东西。在村民眼中，周江波的坏脾气和好打架让人害怕，但也认为"他是个孝子，不懒，有良心"。

　　后来，周江波在成都因为盗窃被判刑，2013年4月，他出狱回到家。因为父亲患了脑血管病，所以周江波没有继续外出而是在家照顾父亲。2013年8月18日，因为房子的事，周江波用铁锹把邻居家三口打伤，人们报警后他便潜逃。8月19日下午，周江波出现在安阳市的一辆公共汽车上。他认为昨天把人打死了，自己不想活了，要"干件大事"，起先是想抢司机的方向盘往对面开来的大货车上撞，但没有得逞，于是他拿出事先准备好的尖刀开始在车上行凶。

　　这就是震惊全国的3人死亡、12人受伤的"8.19"安阳公交车血案。2014年3月，周江波被执行死刑。

　　不知道老师们听到这个故事有何感慨。当我从媒体报道中了解到周江波的"暴力史"之后，把它看作又一个假教育、坏教育造成的典型案例。

　　失败的教育背后往往都隐藏着假教育、坏教育。有勇气直面失败的教育，在叙述学生的故事中展开剖析，揭去那层美化的画皮，挖去那些毒瘤病灶——这一定会让人疼痛，但却是让教育回归本真必需的，也是教师成长无法逃避的。

32.写学生故事，怎么写才"高效"

美国 1992 年的"全美最佳教师"雷夫·艾斯奎斯第一次来中国演讲时，中国教师请教他对"没有教不好的学生，只有不会教的老师"这句话的看法，他说，"有些学生就是教不好的，我的失败多于我的成功，但我从不放弃，我们应当尽力去教每个学生"。

教育的核心问题是不分国界的，"外来和尚"的话更让我们相信：虽然不必背负教育学生的"无限责任"，但"不放弃"才是优秀教师不可或缺的品格。

"拯救学生的灵魂并不是我的职责，我的职责是给学生机会，让他们挽救自己的灵魂。"雷夫的这句话同样值得中国教师牢记。

坚持写学生故事，追求的就是推动反思，激活思维，给学生创造更多的机会。那么，如何"高效"地写学生故事，去达成这个目标？值得探究。我不揣浅陋，提出几点建议：

第一，从个别学生的成长故事中完成对一些教育问题和现象的分析，总结归纳出一类学生的教育思路或方法。

林可树、宋小迪的故事是个案，可在今后的教育生涯中，当杨聪和吴樱花老师再次遇到类似的学生时，就更有底气，工作会更得法。因为记录下的学生故事以及反思，让之前无法准确把握的理念和方法等沉淀下来，真正成为可以运用的教育经验。

写学生故事，除了留存岁月影像，保存内心曾经的感动和珍贵情感，更具现实意义的是能够探寻出教育的一些内在规律，从一个个学生的成长轨迹中提取促进学生生命发展的有效方法。

教育教学中的分类管理与施教，不仅可行，而且高效。这一点已经有越来越多的实证。《教师月刊》报道过北京十一学校潘国双老师的经验，很详尽地介绍了他的分层分类教学。

吴樱花老师后来也提出一个新计划——用 30 年的时间，跟踪记录 30 个学生个案，也就是说一年要记录一个学生的成长故事，坚持 30 年。这是智慧与毅力的巨大考验，但她认为，最大的问题并不是时间、精力不够，而是"案例人选不足"，"如果个案的数量不够多，涉及面不够广，就很难发现芜杂的生活表象下生命跳动的脉搏"。

如果说写宋小迪的故事有些率性而为，那么"30 年计划"就有了明确的研究导向：从丰富的个案中梳理学生生命运行的"共同参数"，昭示育人的恒常理念和方法。吴老师所担心的问题实际上就是研究对象的选择、研究方法（写作）如何适宜等。

数学上有"建模"的概念，即从需要解决的实际问题中抽象出数学问题，然后运用数学知识建立起一个解决这类问题的模型。写学生故事，也要达到类似的效果——通过写学生故事建立起一个个促进不同类型的学生发展的育人模型，引导在发展中各种"走偏"的学生。

从学生故事中反思和提炼出来的教育原则、方法等，是构成教师整体教育观的基本元素，有助于教师形成理性的思维方式和问题反应模式。

第二，从"叙事"导向变为"问题研究"导向，把主要笔墨放到发现与分析普遍性的教育问题上，从学生个案故事出发提出问题，进而具体分析问题，构建解决这类教育问题的思维模式。

写学生故事有了这样的视角转换后，"人选"问题将不再是难题。

确定所关注的学生可以从两个方面来考虑。一是从学生的个性、特点的角度，比如学习成绩、性情禀赋、家庭背景等多个角度来分类与确定；二是从典型行为（问题）的角度，像难以沟通、自制力差、厌学、早恋、暴力倾向等，来选择需要关注的学生。

写学生故事，不是光写"状况不断""故事多多"的问题学生，成绩好、心态好、行为习惯好的学生，"不显山不露水"的中等生都可以关注。

这样来思考，选择就更多了——勤奋、自控力强、善解人意、无主见、自卑、胆怯等，有这些特点的学生都可以写，不用发愁可写的学生不够多。

第三，记录要有连续性、系统性，就像杨聪和吴樱花老师那样，连续一个学期甚至三年去写一个学生的故事，在分析问题时要有"系统思维"，尽量把各种影响学生发展的因素都关注到。

学生的成长、习惯的养成或者改变是曲折缓慢的过程，对学生的关注如果没有一个阶段的连续性，就不大可能相对全面地掌握学生成长的过程，洞悉教育的秘密。

第四，做"自己的""具体的"叙事研究。通过写学生故事，引导自己去思考、研究一些具体的教育问题。如果您是一位小学班主任，正教一二年级，那么可以从每天发生的学生故事中把小学低段小学生的特点、一般会出现的教育问题整理出来，做个归类；然后分析这些问题都有什么原因，自己采取了哪些方法去教育引导，成效如何，再对成效的原因进行分析和总结……以此类推，小学中高年级、初中以及高中的班主任，都可以这样来做"具体的"的研究——学段（年龄）具体，分类具体，问题具体，策略方法具体……

这是非常浩大的工程，但不一定一开始就结构完整、分类科学，关键是要有整体观念、建构意识，慢慢去构筑自己的"教育学大厦"。

这样做"具体的"研究具有非凡的现实意义。首先，自己在实践中形成的认识、建构起来的方法真正适合自己。其次，做"具体的"研究，是在建构育人模型、问题解决模型，针对性、实践操作性都很强。

教育专家王晓春老师的专著《早恋：怎么看？怎么办？》，对教师做研究会有很多思路上的启发。每个老师，只要自己愿意，都可以通过真实的学生故事来做教育问题的实证研究——"低段小学生厌学：怎么看？怎么办？""中高段小学生早恋：怎么看？怎么办？""初中生沉溺网络游戏：怎么看？怎么办"……

33. 赵开中的学生成长研究

高效地写学生故事，进而做教育研究，已经有教师在路上了。

我到周口市淮阳中学采访，结识了学校团委书记赵开中老师。赵老师教了 20 多年英语课，也当了 17 年的班主任。在聊天中我惊喜地发现，他正在整理从担任班主任以来所教班级学生的成长故事，素材就是从教以来经过精心整理和收藏的教案、班主任工作笔记、学生的成绩单、总结反思甚至是检讨书，以及后来的学生来信、学生发来的手机短信和网络留言等。

赵老师告诉我，做这些工作，一是留念，他深深地从学生的成长中感受到了职业幸福；再就是要研究中学生身心发展的规律，研究促进学生发展的教育方法——他现在还在做学生的心理和发展咨询、家庭教育咨询工作。

赵老师后来把他已经整理好的 10 多万字的学生故事发给了我。我如获至宝，认认真真地读，我感到赵老师的做法和我的想法真有些不谋而合。

（1）他对学生故事的整理、记录不只是高中这段时间，常常是往前延伸到小学初中，往后到学生读大学、出国留学甚至工作。这当然要得到学生的理解支持，因为学生们都知道他现在做的事情，也非常乐意把自己的经历通过信件告诉赵老师。

（2）他关注的学生大多是学业、事业有成者，但每个学生的经历不同，有一帆风顺的，有一波三折的，更有"逆袭"的，具有典型性。

（3）在邀约学生写自己离开高中后的经历时，赵老师还特意嘱咐学生做些学习方法、思想变化，甚至人生感悟方面的总结。在每个学生故事的最后，赵老师会做一些点评，把对这个学生自身发展起关键作用的东西提炼出来，同时对教育工作有哪些启示也总结出来。

这些工作对赵老师的学生心理和发展咨询帮助非常大，学生找他咨询，他能一下子指出学生现在所遭遇问题的关键所在，然后信手拈来讲某个学生的故事和经验予以点拨。刚来时，学生常常很犹疑、一脸愁容，离开的时候脸上有了笑容，精神状态就像变了一个人。

赵老师对前来咨询的学生也是长期关注，不断通过电话、短信和邮件交流，跟踪掌握学生的情况，继续指导……最终也把这个学生的故事"收入囊中"。

现在赵老师不仅在周口市名气很大，很多学校邀请他给学生作报告，他还被郑州大学聘为国培计划项目的主讲教师。赵老师说，"甘于寂寞"是他内心丰盈富足的主要原因；自己就喜欢与学生在一起，听学生的故事，与人分享学生的故事。这样的生活，赵老师感觉有滋有味，自得其乐，享受教育，还帮助了更多的学生和老师。

赵老师是把学生故事写得高效的人，写出了成就的人。所以，我特别希望有更多的老师也能走上高效地写学生故事之路。最后，我有几点建议和想法：

• 写学生故事应该是在故事发生之后才出现的行动——想写出"好教育改变人生"的学生故事，就得天天做好的教育，这与"要想写出精彩的教育叙事，首先要努力经营精彩的教育生活"一致。

• 写学生故事是在做行动研究——在实践中研究学生、持续学习、改善教育，然后勤奋记录、精于反思、改进实践，如此深入循环。苏霍姆林斯基说的"走上教育科研幸福的道路"，大概就是如此。

• 做这样的"功课"，当然会辛苦很多，但收获是可以展望的，成就感会大大提升教师的职业幸福感。从职业发展来说，这样的过程能让教师建立起对教育的信仰、形成自己的教育理念与方法论，带出好的班级，教出令自己自豪的学生。

第七章

写读后记

34. 先把书读好

　　写读后记（或者说读书的文章），现在是很多教师，甚至是几乎每个教师都要面对的事情，有些教师是自发自觉地去写，有的则是因为学校布置了任务，不爱写也不得不写。

　　越来越多的学校重视读书了，一方面是因为教育管理者认识到了读书的价值，此外，也有诸如以创建书香校园、书香班级等为目标的特色学校建设政绩驱动的原因。总之，利于教师读书的环境越来越好，条件越来越充分，读书的教师也在增多。

　　读书之后，会很自然地产生写读书收获的需求和要求。不动笔墨不读书，一方面，文化传统一直是这样倡导的；另一方面，确实符合认知规律。从管理角度看，这是督促教师读书的一种方式，能够在一定程度上检验读书的投入度与收获。如果教师喜爱读书，重视自身的专业成长，写读书笔记就是自觉沉淀思考和智慧的行动，是成长必不可少的。

　　所以，很多教师，不管是出于自身专业成长的需要，还是应付学校的要求，都希望写好读后感、书评等。怎么才能写得好呢？很多老师都会问这个问题。被问到这个问题时，我总不好意思反问老师——你读书情况怎么样，读过多少书，写过多少读书笔记，之前发表过什么文章？我一般是笼统地回答，你得多读书，有了一点感受心得，就赶紧写下来，再看看人家的读书文章怎么写的，读多了，写多了，读书文章自然能写好。其实，这样的回答几乎和没说一样。

　　这个问题确实不好回答。首先，因为写好读书文章不容易；其次，写好读书文章主要不依靠技巧。

写读书笔记，不是独立于读书之外的事情，也不是只和你现在要写读书笔记的"那本书"有关系的事情。和所有的写作一样，写好一篇能被称作文章的读书笔记，是你全部知识、经验、思想、语言能力综合运用后的总输出。

想写好读后记，首先得把读书的问题解决好。比如，你是出于什么目的读书？为什么选这本书？你读书的经验、方法有什么？有端正的读书态度，选对了书，有了好的读书方法，把书读进心里去了，与自己的生活、经验相联系，思考了，自然就有共鸣、心得，文思如泉涌。

写作，不单纯是技巧问题，功夫在诗外，探讨如何写读后记，不能不说如何读书。

35. 教师不可不知的两个读书观点

　　关于读书，古今中外已经有太多读书人发表过无数的言论。当代各个领域，尤其是商界的精英人物，但凡爱读书的，也都有很深刻的见地。信息时代，这些知识流传很广，一点也不难找。诸如，读书要读经典，要"杂一些"，要思考，要交流，要坚持，不要迷信书，不要太功利，等等，这些教诲对于教师读书都适用。问题是，当下还有相当多的教师不读书，或者是在内心抵触、极不情愿的状态下被动地拿起了书。

　　所以，第一个关于读书的观点，就是信任书籍，不被动读书，不再让别人替自己读书，不再读"二手书"。

　　现在教育产业化的说法不让提了，但不能否认，基础教育里蕴藏着巨大的商业利益，其中教师培训就是一个很大的市场。教师抱怨培训低效的声音每年都在各类报刊上出现。主要原因是时间短、内容不可能系统，再加上教师在参加培训前没有认真阅读专家相关的著作，所以就难以形成深入的互动交流，好的问题提不出来，交流和学习难以深入。另外，教师培训市场有意或无意地制造了一个认知陷阱：参加培训、让专家"耳提面命"的学习要比认认真真地读书更有价值。

　　事实恰恰相反。培训中，专家要讲的内容，其专著里大多都已毫无保留地写出来了，即使有新内容，暂时读不到，也不要着急，只要是有价值的，不久也都会发表、出版；而专家在一天、半天，有时一个多小时的报告中或者大课堂上，为了追求现场活跃的气氛，往往要穿插段子"注水"，听课老师接收到的多是碎片化的内容，无法深入思考，也来不及深入思考，最终就难有大的收获。真要想学习，认认真真地读读专家的书，收获更大。

有教师说自己不喜欢读书，拿起书也读不进去。说句心里话，这类教师关闭了认识未知世界、汲取智慧和提升自己的一条捷径。

有一位原来做期刊主编的朋友，很有商业头脑，口才极好，现在下海做教育培训，时下哪个概念热，就做什么——领导力、翻转课堂、思维导图……一个专题的课收费近千元，居然买卖不错。

《达拉斯早报》对雷夫的《第56号教室的奇迹》的一句推荐语是："如果你能提炼出雷夫·艾斯奎斯老师的精华，把它装在瓶子里卖给渴望得到优秀教师的学区，你绝对会成为百万富翁。"

这个朋友很精明，他找到了一门不错的生意：他替不读书的老师们读书，向他们贩卖一些二手知识，成功地把自己变成了一个无所不通的培训专家。

老师不爱读书，是因为没能在读书中获得乐趣、得到收获，因而没有形成读书的习惯，且对读书有了偏见——不信任书籍，认为读书没用。

有一句流传很广的名言这样说：播下一个理念，得到一种行为，养成一个习惯，涵养一种性格，收获一种命运。

不喜爱读书的老师首先需要改变对读书的认识：没有什么事能比阅读更划算、投资回报率更高了。老师千万不要以种种借口拒绝读书，那是一种愚蠢的行为。

第二个观点是，对读书作出规划，有目标地读书，告别无明确目的、无选择、随性的阅读。

不少专家学者倡导读书时少一些功利心，少一点"立即就有用"的考量，多一些"看起来无用"的阅读。这种观点切中时弊，提醒我们读书时少一些急功近利、浮躁的心态，多读一些对提升自己的素养、境界真正有帮助的书。但这种观点不一定适合教师读书。专家的这种观点主要是针对那些为了拿文凭、考证书等本不能算是读书的行为而讲的，另外，读书就是"立即有用"的，哪怕是无聊时打发时间，不也是一种"用"吗？

如果把读书分层次、分高低的话，就是有规划、有目标的读书，与漫无目的、有啥读啥的阅读的差别。现在很多学校重视教师读书，但教师读的书多是学校领导做主来选择的，学校推荐什么、发放什么，教师就读什么，教师自己缺少读书规划。这样读书当然也有益处，但对于教师成长的帮助不会太显著。有一些学校领导认识到了这个问题，除了给教师发放共读书，还鼓励和支持教师建立自己的书房，这就在推动教师成长上领先一步。

其实，不管学校领导重视与否，建议渴望专业成长的教师懂得自我栽培，建立自己的读书规划。

借用陶行知先生"书是一种工具"的观点，把书当成解决问题的工具，带着比较明确的目标去选择书、读书。

36. 独立解读教材，做好教学设计
——规划阅读（一）

教师读书规划的第一个方向是"解读教材"。

把课上好，吸引学生，是教师的第一责任。让学生在学习知识的同时脑洞大开，自己想去探究一些问题，在好奇心、求知欲的驱使下，自己查找一些信息、读一些书，这是一个好教师应该具备的教学能力。

想把课上到这样的高度，只在教材呈现的内容上打转，是做不到的。另外，新教材对教师来说，需要个人去填充的空间变大了，使用难度也加大了，教师如果没有一定的知识储备、阅读视野，即使只想把教材要求的知识点给学生教明白，也不容易。

有人把辅助教师教学变成了一门好生意：开发了各种各样的教学参考书，建立各种各样的教学素材网站。这确实方便了教师，但说句实话，也剥夺了教师通过自主研读教材，自己组织教学内容、编写习题、设计教学方法而实实在在提升专业能力的机会。

这些年，我采访和调研的中小学不少，几乎所有的学校都在集体备课。那些以高效课堂为核心的改革，一般还要让老师们利用暑假把下学期的课都备完，成果是拿出"导学案"，可导学案里几乎全是习题。旁听集体备课时，我很少听到老师说备这节课自己读了哪些书，要给学生推荐什么书。种种情形，无法让人相信我们的教育已经逃脱应试的桎梏。

每个学期开学前，教师都可以从"教材解读"和"教学设计"出发，为自己做一个读书规划——背景知识、知识拓展和应用、学生可能会很感兴趣的话题等，都可以为列书单提供线索。

集体备课应该在这方面多花一些功夫。应对考试很重要，但在应试之外留些空间，保护学生的求知欲，激发学生探索问题、读书的兴趣更重要。教师为解读教材、做教学设计多读一些书，这样的备课一定与不读书、照搬习题做导学案完全不同，相应地，课堂信息量会更大，更有深度，学生会觉得有趣、有料。

比如，浙江省乐清市育英学校的初中语文教师李颖方对自己在八年级第一个学期的读书曾有这样的规划：初二教材的第二单元选取的课文都来自名家书籍，比如朱自清的《背影》、鲁迅的《阿长与〈山海经〉》、余秋雨的《信客》、杨绛的《老王》、李森祥的《台阶》，因此《朱自清散文选》、鲁迅的《朝花夕拾》、余秋雨的《文化苦旅》等，就被他纳入了读书计划。第三单元是个说明文集，有叶圣陶的《苏州园林》、茅以升的《中国石拱桥》、吴冠中的《桥之美》、陈从周的《说"屏"》等，因此，他把建筑美学的书，如《中国古建筑二十讲》等也列入读书计划。八年级上册里有杜甫、陶渊明、刘禹锡、周敦颐等人的古诗词散文，所以还要选读这些古人的其他作品，"以真正走进他们的内心世界，了解他们的作品风格、性格倾向和人格追求"。除了上面这些，《骆驼祥子》《钢铁是怎样炼成的》也要重新读。

李颖方老师说："读这些书，是对教师读书的最基本要求，这只是教学的一种背景阅读。""有些书可能以前读过了，但读法不一样，现在是研究地读，不仅是自己读，更要指导学生读，不仅读作品本身，还要读一些相关评论。"

河南省鹤壁市山城区第九小学的唐芳老师，也是在读书中成长起来的年轻教师。她在教史铁生的《秋天的怀念》时，对这篇课文的教学设计就不是人云亦云、生搬硬套。

唐芳说，听过其他老师的这节课，要么在母亲的爱上大做文章，要么在菊花上"下功夫"——什么不同的颜色代表不同的意义等。对此，她不认同。为什么？因为她认真读过史铁生的书，从《我与地坛》《合欢树》等多篇提及自己母亲的文章中获得不少线索，所以更"懂得"史铁生。在教这篇课文前，她不停地思考两个问题：这篇文章仅仅是在表达母爱吗？母亲真的是通过看菊花告诉儿子生活的意义吗？

再次认真研读《我与地坛》《合欢树》，她对课文有了自己的理解——史铁生对母亲的怀念里，更多的是一种愧疚；他从母亲的隐忍、病重、去世中领会了生活的真谛！这绝不是仅仅看菊花就能顿悟的。这种认识是符合生活常识的，是从生活实践中得到的真实感悟。她继而认为，菊花的意义是史铁生赋予的，而非母亲。写这篇文章时，史铁生的作品已经获奖，他已经"活出了自己生命的精彩"。所以，与《合欢树》中的合欢树是母亲的意象一样，《秋天的怀念》中的菊花也可以作为一种象征事物，说明史铁生生命的绚丽多彩，同时菊花还是线索——从第一次的坚决不去，到准备去看看，再到和妹妹一起去看菊花，体现的是史铁生生活态度的变化。

现在很多语文老师都开始重视"文本研读""解读文本"，认识到这是教学设计的基础。但是，解读文本、文本研读，并不是"书读多遍，其义自现的"。"书读多遍"的真实含义是：你在不同时期，同一本书带给你的感受是不同的，所以需要"书读多遍"——生活经历丰富了，人生积淀厚实了，你才能从同一文本中捕捉到更多的东西。没有广阔的视野、丰富的见识，就一篇课文去理解一篇课文，是不会"其义自现"的。

围绕教材和教学设计来读书，一定能带来教学品质的改善，更好地促进学生发展，同时对教师自己的成长也善莫大焉。

有一个寓言故事告诉我们：不要每天只是挑水，而要为自己掘一口井。围绕教材解读多读书，教师就是在为自己掘一口井。这一理念不是只适合语文教师，所有学科的教师都是一样的。有了这样的理念，坚持这样做，在为学生打开认识大千世界的一扇门的同时，教师也能为自己的发展开一条新路。

37. 构建自己的好课堂
——规划阅读（二）

教师读书规划的第二个方向是"构建自己的好课堂"。

课堂是教师的立身之处，教师一定要去研究课堂，在教学上有所探索，形成自己的课堂教学主见、风格。按说这是常识，但"知"与"行"往往脱节，否则就不会有普通人与精英的分野。

课堂研究，笼统地说是解决"怎么教"的问题，外在表现是有方法、技巧，但深层次还有对教育追求、学习过程、学科本质的理解，有对教育资源的价值判断，等等。

师范生都学过教育学、教育心理学、教育史等专业课程，但课堂是综合运用知识和能力的地方，是实践之学，对课堂的学习是从真正登上讲台开始的。不过，很多学校对教师的培养往往只重视实践经验，比如对于新教师，常见的培养方式就是"青蓝工程"——"拜师父""结对子"。这种"一脉相承"培养出来的教师，对课堂的研究喜欢在细枝末节上折腾，对读书没有兴趣，也就失去了深入系统研究课堂的机会。

最近几年，课堂教学改革风起云涌，很多老师却表示不知道该如何上课了。这种声音里有对行政命令强制干涉课堂的不满，有无奈，还有不知所措。面对这种现象，批评教育管理者"霸道，不懂教育"，批评教师"没有独立人格和自由精神"，都不如引导教师钻研课堂、重建课堂实在。

教师对课堂有自己的主见，而且自己的课堂有着广泛的"群众基础"——得到学生的喜欢与认可，同时也能满足领导要求的成绩，"任尔东西南北风"，你依然可以岿然不动，毕竟关上教室的门，课堂自己说了算。所以，教师必须构建自己的好课堂，既利己又利人。怎么做？除了实践就是学习，其中包括读书，要围绕课堂做读书规划。读书能够让你对课堂有一个深入、系统的认识，甚至支撑起你的教育信念。

关于课堂，这些年各个教育出版社出版了许多不错的书，比如苏·考利著、范玮译的《学生课堂行为管理》，王晓春的《课堂管理，会者不难》，周彬的《叩问课堂》《课堂密码》《课堂方法》，陈大伟的《怎样观课议课》，余文森的《有效教学十讲》《核心素养导向的课堂教学》，赵希斌的《魅力课堂：高效与有趣的课堂》，刘儒德的《提高学习成绩的六个策略》，戴维·珀金斯著、杨彦捷译的《为未来而教，为未来而学》，安德烈·焦尔当著、杭零译的《学习的本质》，以及一些学科教学期刊，等等，非常值得教师系统地读一读。

围绕课堂读书，"课堂实录"类的书可以读，但不宜作为重点，因为教师的性情、趣味、积淀和生活经验等差别太大，名师的教学技巧、机智和语言等，不是能轻易模仿复制来的，而且也未必适合自己。支撑课堂的，是教师的思想和信念，而这些在实录这类书中"隐藏太深"，或者被稀释了。

近几年国家启动了特岗教师计划，"从 2006 年到 2015 年，全国'特岗计划'共招聘教师 50.2 万名"，这些特岗教师中非师范专业的近20%，他们在走上讲台之前只是经过非常短暂的培训，大概三四十个课时。很多区县的教育局领导、农村学校校长都表示出抱怨和担忧——很多特岗教师"连基本的规范都不懂""课上得不成样"。面对这种新情况，不管是从区域、学校层面，还是对教师个人而言，围绕课堂做读书规划就更迫切了。

边实践，边读书——这是教师提升教学能力最高效的方法。

38. 确立自己的教育信念
——规划阅读（三）

教师读书规划的第三个方向是"形成教育信念"。

做教育的事，就应该去深入地研究教育，让自己成为专业人士，这才能够取得一些成绩。放眼大千世界，各个行业的精英、翘楚，无一不是专业人士。

想成为一个成功的教师、幸福教师，必须研究教育，让自己对教育的一些基本问题、根本性问题，比如教育到底是要干什么？学习如何发生？学生为什么要学习，怎样才能学好？教师是做什么的，如何做得好？学校是什么，课堂又是什么？等等，有深入的学习、思考。

这会推动教师对教育形成自己的一些认知、见解，建构自己的教育认知系统，精熟学科知识和教学技能，树立职业精神和操守——这才够得上"专业"。

当前中国教师群体中，职业倦怠就像瘟疫一般，侵蚀着教育的肌体。教师厌教，与收入低、社会地位实际不高、学校管理机械等等客观原因密切相关，但也与教师自身"不修行""不专业"关系巨大。做教师到了一定年头，出现倦怠感，很正常。如果轻微，那是无所谓的事情，就像个小感冒，不久就会恢复。如果感到了痛苦，但又难以离开，教师需要做的就是自己修行——重新赋予职业新的价值和意义，否则，对生命就是一种不负责任，甚至是亵渎。

怎么修行？得借助外来智慧，打破自己以前对于教育的认知，重建教育职业观。修行，很重要的途径是读书。

李希贵是著名的教育改革专家、管理专家，但他也曾对自己的管理能力深深怀疑。这个情况是他在著作《为了自由呼吸的教育》中描述的。他说，有一个时期，自己已经失去了做管理工作的热情，因为他想推行的任何管理举措，总会有人想出许多理由反对，于是，"管理变得琐屑、无聊而且麻烦，没有了尊重、理解，更没有了成就感"。他说自己后来慢慢明白了，虽然做了几年管理，但其实并没有真正理解管理的真谛。那个时期的李希贵对于管理的认识是什么样的呢？是把管理看成了一种"控制性游戏"——管理就是通过一些手段来支配别人以达成自己或者组织预先设定的目标。这种认识不能说不对，但随着时代变迁，确实不合时宜了。

这种认识的本质是西方古典管理思想，以效率为中心，忽略了人的能动性、创造性，说白了，作为被管理者的"人"被视为和物一样的"生产资料"。教师职业倦怠蔓延，与对教师工具化的管理现实有着极大关系。

偶然的机会，李希贵读到了玛丽·凯的《掌握人性的管理》，犹如醍醐灌顶。后来他重新定义了管理："管理，其实是组织才华的艺术，又是开发才华的艺术。一个管理者，更应该注意欣赏才华，使才华最大限度地升值。"

这种管理理念用当下流行的概念叫赋能。理念的根本转向带来了很好的管理效果，而且随着时间的推移，老师们开始把李希贵视为朋友，当作成就自己的助手，甚至感谢他为自己搭建了成功平台。"我开始找到了一个作为真正的管理者的感觉。"李希贵说。

《掌握人性的管理》让李希贵喜欢上了企业管理方面的著作，而且"第一次感受到了书籍的力量"。

同样，教师读教育书，可以了解理想的教育是什么样的，探寻教师职业能做到什么高度和境界；能够知晓之前的教育做了什么，前人对教育的认识达到了什么高度；可以了解名师在想什么，做了什么，能够给自己带来哪些思想和教学方法上的借鉴……这些都在促使教师去反思自己的教学，更新教育观念。

很多教育专家、学者、名师都强调要读一些教育经典，其价值就体现在这里。故此有人说，教育经典著作是教育人的"看家书""打根基的根本书"等等，都是一个意思。这样的书不必多，却需要常读，读熟，读透。

几年前我采访武陟县实验中学的范通战老师，他说过一句话让我印象很深刻，"教育书，不用读很多，十来本就够用了"。

范老师所说的"教育书"，也是指教育经典著作。我坚持认为，教育教学少有新问题，读教育经典可以触及教育的内核，教育的内核不分古今中外，真正领会一般教育规律，懂得基本的教育教学原则，剩下的就是在实践中不断积累经验、增添实践智慧。在这个过程中，教师会得到磨练，学习控制情绪，与学生"过招"，调整心态，等等，会让自己得到重塑。

哪些书能称得上是教育经典，大家的认识基本一致。网上流传着一份《生命化教育课题推荐阅读书目（首批）》，分类推荐了很多好书，如"经典与新经典"里有蒙台梭利的《童年的秘密》、苏霍姆林斯基的《给教师的建议》、卢梭的《爱弥尔》、杜威的《民主主义与教育》、马克斯·范梅南的《教学机智——教育智慧的意蕴》、佐藤学的《静悄悄的革命》、加德纳的《多元智能》、陶行知的《陶行知教育文集》、尼尔的《夏山学校》、亚米契斯的《爱的教育》等 18 本。

读这些书能让我们"取法乎上"，探寻到教育的精髓，更重要的是，能够给我们的精神以力量，激发我们的"使命感"，让我们的心灵得到陶冶，领略到"职业高尚"的高峰体验，从而胸襟开阔，不屑于斤斤计较、蝇营狗苟，开掘奉献精神。

教师应做一个对教育经典的阅读规划。

中国教师还需要系统地读一读中华传统文化经典，领略中国人的文化思想源流。比如《学记》，古人讲得相当深刻，会让教师了解到教育教学的一些根本问题。无论现在的移动互联网多么快速发展，在线教育的市场怎么扩大，也无论各色人等怎么解说新技术带来的教学挑战，《学记》从"学"的立场所阐述的教育使命、教学原则，都将是教师立足课堂可以倚赖的。

可能有教师会问，范通战是不是只读十几本教育书，其他书都不读？不是这样的。世间的好书太多啦，有趣的事情太多啦，他的意见是在读透十几本教育书之外，教师完全可以发展自己的兴趣爱好，完全有权利去放松、休闲，想看电视看电视，爱看小说看小说，该旅游去旅游……有了自己对教育教学的深刻理解、系统认知，就具备了"专业思维"，即使做与教育无关的事，也能迅速发现其与教育教学的联系，获得新启发。

39. 做足教学的"战略储备"
——规划阅读（四）

教师读书规划的第四个方向是做足教学的"战略储备"。

教师成长最大的障碍是什么？大家的看法不会一样：有人认为是内动力不足，心有旁骛；有人认为是忙碌辛劳，无暇顾及；还有人认为环境糟糕，缺乏指导与引领，缺少平台和机会……

这些都是教师成长的阻碍，有些问题还是教师自己无力改善的。归结一下，这些困难、障碍有一个总根源——视野狭窄。这也不能完全责怪教师——我们的学校还是太封闭，在不少农村学校，教师外出学习的机会少得可怜，再加上人手不够，大部分教师超负荷工作，与此同时，还背负着学生安全、考试的双重压力……这种状况下，还指责教师"视野窄狭，缺少见识"，很不厚道。

那么，为什么还要说视野狭隘是最大障碍？

因为环境分"内环境""外环境"，个人内心秩序的"内环境"才是人生走向的主导，而视野决定我们如何设计、构建自己的内环境。

"内环境"有序、敞亮、宁静，"外环境"再糟，教师也能找到自己的发展空间。

想成长的教师，最重要的事情是有意识地开阔自己的视野，增长自己的见识，正如古人所说，"读万卷书，行万里路"。视野开阔，见多识广，才能成为好老师，古今中外，莫不如是。让我们看看这些年在中国变得很热的"美国年度教师"的例子。

2002年的昌西·维奇老师，这个曾做过22年美国大兵的"上校老师"，为了不让一个学生"掉队"，把倾听每一个孩子的困惑与顿悟、快乐与悲伤当作课堂教学的立足点。

2008 年的迈克尔·盖森老师，1996 年大学毕业做了 5 年的护林员，之后转行到俄勒冈州的克鲁克县中学做一名科学教师。这所学校状况很糟糕，6 年里换了 5 名校长，学生成绩平平。为了使学生积极学习科学，盖森编写歌曲、开发游戏，坚持用音乐和其他创新性的方法来引发学生对科学的学习兴趣。比如，他从一个细菌的角度编写布鲁斯歌曲，还以披头士乐队的《一起来》的曲调重新编写与物理学习有关的歌曲《重力》。他把幽默和创造性融入每一个活动、项目或作业里，学生的学习状态变成了乐此不疲。

2009 年的托尼·马伦老师，曾做过装配工和 21 年的警察。他说，"教师和警察这两个职业都需要有关爱之心的人，即真正希望改善他人生活的人。教师拥有极好的机会去帮助学生，真正成为他们生活的一部分，而这正是我始终想做的"。

2015 年的莎娜·皮普尔斯老师，从奥巴马总统手中接过水晶苹果奖杯时快 50 岁了，可她的教龄只有 5 年；在走进教室之前，她做过电台音乐节目主持人、医务助理、宠物保姆和教育记者。

以这几位美国年度教师为例子，可以保守点地说：经历丰富，见多识广，对社会、对生活有了更多的体察，使他们的教育工作更能赢得学生与专家的认可。

作为教师，不断拓宽自己的"视界"，这是专业发展的需要。

在教育媒体与基础教育两界穿越得游刃有余的李振村老师有一个讲座，叫《教师的非专业素养》，很精彩，我曾有机会听过两次，算是比较完整地听完了。李老师把教师学科知识教学、课堂组织等方面的能力称作专业素养，把教学之外、与学生和谐相处、给予他们更好的教育影响等方面的能力划分到"非专业素养"。他认为，教师应高度重视提升非专业素养，而且从五个方面给出建议。

对非专业素养的提法，我有些不同意见——那些非教学的综合能力依然属于教师专业素养的范畴，因为教书与育人有内在的统一性。

我曾编发过山西省孝义市第六中学张文芬老师的一篇文章，她对教师职业状态的阐述让我一直念念不忘。

她在文章中写道："有时我想，是我们自己把自己的教育生命逼进了一条死胡同。有人说，教师应该成为有生活情趣的人。其实，哪一个职业的人不需要多一点生活情趣呢？只不过有的职业人的生活状态、生活质量与别人无关，有的却和别人息息相关，比如我们教师——你的一举一动、一言一行甚至是你生活的外延与内涵都会带给学生不同的感受……好的教育者自身就是一部教材，没有精致的人生便无法有精致的教育。"

对于新课改多年之后课堂依旧的原因，她说："教育者的'内在模式'不发生变化，再好的外在形式也只是一个样子罢了。"

在现在这个时代，要做什么样的教师？她说："作为一名教师，你必须选择精彩地活着，除此，你别无选择。当你踏上教育这方圣土时，生活已不是你一个人的事情，还有更多的生命因为你而受到影响……教育的色彩很大程度上取决于教育者生命的色彩。这样说是不是有些绝对我不知道，但作为学生课堂生命的总策划人——教师，你没有孙悟空的七十二般变化，没有丰富的阅历，没有广泛的兴趣，很难让学生的生命在你的课堂上自由舒展。"

这些话几乎可以作为新时代教师的生存宣言。作为教师，你一定不要让自己的教育生命走进死胡同，即使有人"逼迫"你，你也不能轻易就范；必须选择精彩地活着，让生活五彩斑斓。教师应建立这样一种教育信念：以自己生命的完整与幸福来面对教学，用享受课堂、追求自由的态度影响学生。

世界上有意义的、值得教师去做的事情有很多，读书也如是，与教学不直接相关的好书，也需要多读。很多爱读书的老师最早就是随着兴趣读，文学的、历史的、哲学的、科学的……后来才开始读教育类图书。阅读教育经典打下根基之后，仍要博览群书。

我的一点建议：即使是带着消遣性质、满足自己的兴趣爱好、让自己精神愉悦的读书，也可以做规划。有了规划，就像在做一种教学资源的"战略储备"——读得多了，各类知识沟通互联，融会贯通，必将带来视野的开阔、思想的解放，这对教学工作的影响是难以估量的。

这些书可以是自己有兴趣的书，也可以是学生爱读的书，还可以是意识到自己的知识结构缺陷后需要补课的书，等等。

一段时间围绕一个点、一个主题选择一些书来读——有人把这种读法叫作专题阅读、主题阅读、掘井式阅读等。这样的阅读因为有规划，系统性强，像是做文献分析研究，收获会非常大。

40. 让自己有能力赢得学生
——规划阅读（五）

教师读书规划的第五个方向是"赢得学生"。

"赢得学生"有两层意思，一是能与学生融洽相处，有不错的师生关系；二是能带给学生好教育、受益终身的教育，赢得学生的尊敬之心。在今天这个信息爆炸、抢夺注意力的时代，能够赢得学生，极不容易。赢得学生的前提是研究学生。怎么去研究？需要理念，更需要方法与工具。

我举两位名师以有规划的读书赢得学生的例子。

一位是钟杰老师。她曾有个叫海林的学生，是最让她操心的孩子——"在老师和同学的眼中，就是一个怪人，就是一个今后可能犯罪的人"。他的"生存哲学"是："别人骂我一句，我还别人一耳光，别人给我一耳光，我还别人一刀，别人给我一刀，我就让那个人去死！不管哪个惹我，我必须讨回公道，不管用什么方法，都要争回来。大不了就是一死，死也要拉个陪葬的。"

班里有这样一个学生，班级还好建设吗？一定是状况不断。一般的班主任，估计要放弃了，要么想方设法"安抚"住，不出大错，凑合两三年混个毕业，就是很好的结果了；要么不容忍他，抓个错就推出班级，管你以后变成个啥样。但钟老师没有这样做，要不她怎么能成为"名班"呢！

为了能与这个特殊的学生对上话、改善关系，钟老师开始了读书。她买来《重塑心灵》《不要用爱控制我》《心态的能量》《灵魂之心：情绪的觉察》《情感勒索》等，认真研读。与此同时，对这个学生的情况做深入调查。很快，她就有了转化海林的可行思路。

钟老师的过人之处还体现在她把具体实践的过程记录了下来。她和海林约定，只要海林能依照老师的指点"重塑心灵"，将单独为他写一本书。

学生一听，又兴奋，又惊奇，态度上有了极大转变，钟老师给予建议，他都会积极采纳。慢慢地，海林回到了健康的成长轨道。钟老师也兑现了诺言，真的出版了一本书——班级叙事《教育西游记》。

为了避免所谓的早恋问题，科学指导学生顺利度过青春期，钟老师有规划地读了一些书，如《身体的秘密》（男生卷、女生卷）《孩子的情欲世界你知道吗？》《青春期性教育教师实用手册》《藏在书包里的玫瑰》《别和青春期的孩子较劲》《青春期问题与教育方案》《如何教育叛逆学生》等，另外还有一些"两性书籍"，如《男人是野生动物，女人是筑巢动物》《"坏"女人有人爱》等。

钟老师把从书里学到的专业知识与自己的人生体会结合起来，定期给女生、男生开"秘密小会"，谈爱情、谈婚姻、谈性，甚至谈孕育后代。直接而艺术地谈，反而消除了学生青春期对两性既感到神秘又想探索的焦虑感，有了理性而冷静的态度。钟老师说："这种坦诚、亲密、理性的聊天式聚会，如春风化雨般抚平了孩子们心中的一池春水。如果某个孩子真有喜欢的人了，他一定会跟我'坦白'，然后请我帮他拿主意。"

钟老师就是这样赢得了学生。她的班里有个所谓的问题孩子，对她的教育一直"没有感觉"，但在他一厢情愿地陷入情网、无计可施，向钟老师求救时，钟老师"将计就计"，为他支招儿——外塑形象，内强素质——还赠他"优秀男生修炼秘籍"。她巧妙地从男生迷恋的女孩那里要到了"给××的10条建议"。钟老师对这个男生说："要想成为白马王子，你就得先买白马！这10条建议，就是你的白马，你必须做到。否则，白马王子就变成了青蛙王子！白马王子配白雪公主，青蛙王子就只有配恐龙小姐的份！"男孩表示"要为爱情付出一切"，要严格按照10条建议去修炼，以达到"脱胎换骨"。

钟老师说，以前我想了很多办法，但他的进步不大，自从他心中有了女神之后，他每天都在朝好的方向发展。"老师如果能够帮助学生度过美妙而躁动的青春期，他们会感激老师一辈子！"确实如此。

还有一位是魏智渊。2004年，他跟着李镇西来到成都盐道街中学外国语学校，那个时候他已经是网上的"名师"、教育在线论坛的活跃分子，挣的稿费比工资要多，"教育理念比较超前、教育情怀比较深厚、教育使命感比较强烈"，但是，到了班里之后，他却无法驾驭课堂，面对一个个具体的孩子制造的教育问题，常常是手足无措。

真实的挫败感触痛了魏智渊。那一年，他买了15000多元的书，主要是课程与教学理论及实践方面的书，边读边实践，第二年，他就走出了窘境，用他的话说就是"活"过来了，能够与孩子们融洽相处，所给出的成长建议孩子们也乐于接受。

教育所要做的工作不就是这样的吗？牛不喝水强按头，只会让牛愤怒。平等、融洽的师生关系是教育的前提，有人甚至认为教育的全部秘密就在师生关系当中，然而良好师生关系的建立也存在知与行的脱节。这些年，学生与教师冲突的事件不断发生，"学生越来越难管教了"是教师共同的感受。

为什么？在很大程度上是教师学习的速度与深度已经跟不上时代的发展。

2015年，湖南省邵东县不到两个月的时间发生了两起学生杀害老师的事情，让世人震惊。这当然是极端案件，可影响不小，在管教学生时估计老师们更会噤若寒蝉。教育不是万能的，就连"教育圣徒"雷夫老师都说，"有些学生（仅靠老师和学校的力量）就是教不好的"。但这不应成为教师放弃教育责任，继而拒绝专业成长的借口。

教师多读书学习，才能够让自己的教育教学更专业、更智慧，赢得学生的概率更大。像史金霞的《重建师生关系》、王晓春的《做一个聪明的教师》《问题学生诊疗手册》《早恋：怎么看？怎么办？》、万玮的《班主任兵法（修订版）》、刘儒德的《教育中的心理效应（第二版）》，还有李茂编译的《今天怎样"管"学生》、范玮编译的《学生课堂行为管理》、罗兴娟编译的《轻松搞定使你"发疯"的问题学生》、胡荣堃等编译的《培养造就优秀教师》，等等，都值得教师做个规划，认真读一读。这些书能够帮助教师在良好师生关系的建构中自信地站在主导地位，而不再被学生和坏情绪牵着走，让自己的处境和教育的效果越来越糟。

问题导向、兴趣导向的有规划阅读非常高效，此外还有两个益处：

• 能大大激活思维的活跃度与开放度，教师提出问题、探究问题的意识会得到强化；
• 在同一主题但视角各异的对比、参照阅读中，信息的甄别和提取能力会增强。

有规划地读书，既是读书的一种方法，同时也是一个读书阶段——进入"自由阅读"之境的必由之路。一方面，教师遇到的教学问题一定是非常多的，但学会了归类，也许头绪就有了，轻重缓急也能分个大概；另一方面，每年都会出版很多很多书，书已经由人类智慧承载物的属性过渡成为一种文化消费品——所以，对于读书，我们只要取所需的、适合的，足矣。

41. 读书的"严肃"姿态

钱钟书是大家公认的大学者，学贯中西，他的夫人杨绛先生在《钱钟书手稿集》的序言中揭示了钱钟书"记忆力强"，读了那么多书却"过目不忘"的"秘密"——他只是好读书，肯下功夫，不仅读，还做笔记；不仅读一遍两遍，还会读三遍四遍，笔记上不断地添补。显然，钱钟书下的也是"笨功夫"。大学问家尚且如此，教师读书的"姿态"更需要"严肃"。

"严肃"，意味着认真、投入，真正把读书当回事。教师有规划地读书，目的不是消遣、打发无聊时光，而是为了丰富自我、完善知识结构，改进教育行动，故此读书绝不是睁眼翻看那么简单、随意，在读不下去、静不下心时，还需要意志力的自觉参与，压灭浮躁的心火。

"严肃"，意味着要随着阅读进入思考状态，调动自己的知识储备、自己的经历感悟，对所读的信息进行筛选、对接与重组。

要让读书"严肃"起来，还真的需要固定的一些"姿态"来保障：关闭手机、电脑，正襟危坐，"笔墨伺候"。

据说钱钟书在清华大学读书时自恃有过人的记忆力，课堂上听讲都不作记录，更不屑于课外读书时作笔记。但"好记性不如烂笔头"，最终还是养成了写读书笔记的习惯，让自己受益终身。据杨绛先生描述，钱钟书"做一遍笔记的时间，约莫是读这本书的一倍"，"他爱买书，新书的来源也很多，不过多数的书是从各图书馆借的。他读完并做完笔记，就把借来的书还掉，自己的书往往随手送人了"，"有书就赶紧读，读完总做笔记。无数的书在我家流进流出，存留的只是笔记"，"钟书每天总爱翻阅一两册中文或外文笔记，常把精彩的片段读给我听"。

认认真真地做读书笔记，这才是"不动笔墨不读书"，只是在书上勾勾画画，做些批注，严格讲，不算数。有专门的笔记本，分门别类，有固定的格式，做清晰准确的记录，才算数。如果你刚刚开始读书，或者一个月读不了一本、一年读不完十本书，那么就体会不到读书笔记的重要性和必要性。阅读的量少，汲取有效信息用简单的批注、勾画方式也还能应对。当你真正开始了阅读，尤其是有规划的阅读，数量上去了，需要记忆或者随时需要提取的知识多了之后，自然就会意识到读书笔记的妙处。

读书笔记大致可以分为两类。

一类是摘录笔记。读一本书，读到写得很精彩的句子、段落，打动自己的观点、论述时，就摘录下来，要做到连标点都准确无误，原文后面注明出处，包括书名、作者、出版信息、页码、摘录日期等。自己读到这些句段时有所感悟、启发，或者产生疑问、质疑，可以在摘录的原文后面记录下来。做摘录非常必要。一方面，精彩的观点、论述，需要时常温习、保持记忆；另一方面，写文章时有时候会需要引用、查询，或者寻求灵感——有了摘录笔记，方便快捷，不必再去翻书，能节约不少时间。

另一类是提要与心得笔记。读完一本书之后，感到自己确有收获，就可以做些梳理，把自己的思考所得记录下来，围绕书的重要观点及自己的理解、感悟、拓展思考等，写成结构比较完整的文章。文章的后面也把书的详细信息，自己读书的时间等记录下来，做成索引，方便查找。

如果读完一本书，感到收获一般，就简要记录下内容提要或心得评论，做好书的信息记录，做个索引即可。

读书的另一种"严肃"姿态，是书要一本一本地读。《弟子规》里对读书的方法有指导："读书法，有三到，心眼口，信皆要；方读此，勿慕彼，此未终，彼勿起。"这是做小朋友时就需要知道的读书知识。很多"立功，立言"的大儒，像曾国藩、钱穆、胡适、黄侃等，都强调这种读书的"秩序"。

胡适在美国留学期间曾建议朋友痛改"无恒"之病,其中第一条就是:"读书非毕一书,勿读他书。"现在每年的新书层出不穷,各个报刊的读书版都在不停地推荐新书,排书榜,名家名人天天给人开书单,估计但凡读点书的人,要不了多久案头就会堆起一摞书。在这种状况下,很多书都是随便一翻,读上几页就搁下了,随后又拿起一本书……这都算"读"过了。现在有一个很不好的现象,就是读书也似乎成了可以炫耀的事情。这些读书现象都非常不"严肃",都在滋长人的浮躁之性,破坏求学问、促成长的恒心和读书所需的宁静心境。

有名师提出"几本书同时读",以便有意无意地"串联起来思考"、进行思维碰撞,但我的经验认为,这样读书会把脑子搞乱,很难把思考推向深入,除非是类型、难度差异特别明显的书,但"类型、难度差异特别明显的书"又不大可能促成对同一问题的思维碰撞。所以,我以为这是误导人的奇谈怪论。

《教育与脑神经科学》一书的《技术如何影响学生的大脑》一节中说,研究表明:大脑在做需要认知投入的事情时如果有"任务切换",就需要多花 50% 的时间来完成任务,而且多犯 50% 的错误;领悟复杂文本的意思需要以此为唯一要务的全神贯注的注意力,并不需要任务切换和快速浏览电子文本时那种浮光掠影的注意力;大脑太习惯于任务切换,就会阻碍阅读复杂文本能力的发展。

可见,专心致志、聚精会神地一本书一本书地读,是以成长为目的的读书的正道。

书要一本一本地读,"非毕一书,勿读他书",这就引出一个问题:如果很不幸,你恰巧选到了一本和自己很不对路的书,比如一些教育理论书或者译著,读得极其辛苦,读不懂,读不下去,怎么办?这是个很真实的问题。河南省修武县第二实验中学校长薛志芳有一年就邀约河南教师读书会的几个读书高手到学校去,就这个话题与老师们交流。他给学校老师买了《教学勇气》等几本书,大家共读,很多老师反映读起来有难度，不好读。

交流之后形成两种意见，一种是读不懂，放下就行了，没有什么书是所有人的必读书，阐发同一真理的书有很多，也有很多其他形式，尤其是在人文社科领域，抵达一种认识，不一定非要通过某一本书，此书读不通，换一本就行。

还有一种意见是坚持读，尽管很慢，很难，慢慢读，懂一点是一点，直到读完。因为一本书，特别是难读的书，不是读过就不再读了，也许多年之后，有了认知积累，再次捧起这本书，以前读不懂的地方就可能读通了。

这两种意见我都赞成，但从读书的效率与培养读书兴趣的角度，我倾向于前一种意见。一本书与自己当时的问题、心绪、需要、理解力很契合，读起来一定会非常畅快，也最易于学以致用。循序渐进、由易入深，同样是读书应遵循的常识。如果把读书当成一种炫耀，选择"流行"的、"高大上"的书，而无视自己的阅读起点、罔顾自己现实的求知需求，就容易成为赶时髦。"严肃"地读书同样拒绝这种姿态。

42. 写"明明白白"的读后记

　　把读书的问题解决掉，严肃地读起来之后，写读后记是顺理成章的事情。

　　因工作需要，我读过大量的教师读后记文章，当然，其中多是关于教育类书籍的。我有一个个人感受：绝大多数的读后记文章写得稀里糊涂、不明不白，即读完一篇读后记，整体上对作者"想要说什么"，常常把握不准。对编辑来说，这是很沮丧的事情。

　　为什么会有这种现象，从写的角度，我以为是两个方面的原因：

　　（1）作者在提笔写读后记时自己确实还不大清楚要表达什么、要达成什么目的，只是跟着感觉走，形散魂散。

　　（2）不知道如何去构思一篇读后记，方法不当，缺少章法，给人思维杂乱不清的印象。

　　写读后记与写其他类型文章一样，都应是所思所想的自然流露和精准表达。写不好读后记，除了自己积淀不够、文笔差，还要从读书来分析——自己读这本书"动"心没有、程度如何，"动"在何处、为什么，等等。读书时投入了思考，解决了自己的问题，就不会无内容可写，内容比较明确了，一般不会思路不清。

　　老师们可以结合自己的经验总结一下，读书时很有感触一般是什么时候？

　　（1）读到了新知，见所未见，闻所未闻，自己感到新鲜、欣喜；这些新知在自己认知范围之外、理解能力之内，自己有兴趣，满足了求知需求或某种精神需求。

（2）读出了自己，对书中的某些内容，如观点、事例等产生共鸣，有找到了知己、同类的愉悦感和成就感。

（3）读出了实效，能学以致用，书中的知识对自己长久关注、思考的问题有了启发，或者对解决现实问题提供了帮助，拨云见日，豁然开朗。

（4）读出了疑窦，对书中的观点、论述产生怀疑，欲与作者相辩、讨论，故情绪激动，血压升高，心跳加速。

读书"动"了心，生发了与人分享自己的发现与感受的冲动，那么，写好读后记就具备了一半之功。

在读书的心动之处，认真做了笔记、批注，那么，读后记实际上就是在读书笔记的基础之上做文章。

写好读后记另外的一半之功在哪里呢？我认为是清楚定位一篇读后记的目的，至于遣词造句、语言修辞，那是长期阅读和写作练习之功，一时难以改善，暂且不论。

不同目的的读后记，写作手法上是有差异的。目的明确，文章的表达脉络清晰，读者阅读和理解起来就少了障碍，无形之中就为文章的感染力和说服力加了分。

写读后记的目的，不外乎这些：

- 一本书自己读得酣畅，收获不小，认为书值得一读，要为大家做推荐。
- 收获的新知不少，梳理出来，方便记忆和掌握，也便于做分享。
- 读书时有很多共鸣（包括质疑）之处，想与大家分享自己的感受。
- 读书获得了方法、技巧，运用这些方法、技巧，自己解决了现实问题（包括自己思考的问题），要与大家分享这个问题解决过程（包括对所关注问题的思考结果或进展）。
- 读完一本书，要对书的价值意义等做评论。

现实情况是，写读后记的目的（或者说最终表现出来的形态和效果）并不像我所描述的那样单一或机械，比如不管怎么写，都包含着向大家推荐书的目的；既可以分享读到的新知，同时也可以谈自己的共鸣；既谈自己的共鸣感受，也做评论；等等。

我这样分类有两个想法：一是希望教师尝试对不同目的读后记的写作特点或方法作些分析；二是倡导教师写"目的单一（鲜明）"的读后记，至少是在还写不好读后记的情形下，先从单一目的的文章写起。

我的观察是，那些受报刊编辑待见、读者好评的读后记往往目的单一。为什么呢？因为报刊文章篇幅有限，目的比较集中的读后记才易于控制篇幅，保障文章结构完整、主题集中，同时，言简意赅的文章更受欢迎；从写的角度看，目的集中，文章的写作难度也比较小，易于收放。

43.读后记特点归纳及写作建议

荐书类：真诚推荐一本书

所有的读书文章，读后感、书评，哪怕是持质疑、批评态度的，都具备荐书的功能，但是，如果我们持荐书的明确态度，还是应该写更利于读者直观地认识这本书、能激起阅读兴趣的读后记。

这种读后记的特点是：写作重心放在介绍书的内容、可能产生的影响（价值）等核心信息之上，而很少谈及自己读后的感受和收获。其写作实际上是书的一些"关键信息"的搜集与重组，目的是用较少的篇幅准确地把书的精彩、影响与意义等展现出来，引起读者的注意，吸引读者去读这本书。荐书类文章不需要很多阅读感受的融入，只要把自己所认为的书的精华内容、能够反映书的特点和价值的部分梳理清楚，再转换成自己的叙述语言，就能够完成。

为了揭示书的价值，一般要对书的写作背景、作者的情况等做一些交代。这些信息常常能够在书的前言、序言、后记中找到。

写荐书性文章的难点在于找到恰当的切入点、选择呈现的内容以及叙述方式的转换。写作建议：

• 可以尝试从热点问题或人们习以为常但积重难返的问题切入，解读书的价值，确定文章的内容主体。

• 为了展现书的精彩，一些内容可以直接引用，但是一定要控制篇幅。

• 更多的时候是要做转述，并结合自己的一些经历、体验、观察等，这样就避免将文章写成扩大版的内容简介，会让文章显得生动、耐读。

荐书类读后记写作难度不大，而且能够锻炼快速提炼书的重要信息、总结传播价值的能力。读完一本书，你认为确实很值得向朋友推荐，那么就先试着写这样的荐书文章，然后再写读后感等其他类型的文章。

梳理新知类：把所学写得条理清楚

梳理新知的读书文章彰显着读书的根本价值——促进自己在知识结构、实践能力、精神世界等方面的完善或提升。大家谈论读书方法时常说"把书读薄"，就是指细细梳理自己从书中得到的新知识、新理念、新技术等对自己最有用的信息。

和荐书类文章类似，梳理新知的读书文章，自己的阅读体验和感受性内容不是重点，重点在于呈现书的精华，或者说，这类文章呈现的是自己有需求、有兴趣的新知在与自己的认知、生活等建立联系之前的"准备状态"。再换句话说，文章完成之后，这些从书中获得的新知得以系统化，将会进入自己的认知框架，成为自己知识结构中的一部分。

这类读后记的特点如下：

（1）与荐书类文章对书的精华的呈现"点到为止"不同，梳理新知的读书文章要尽力相对系统而完整地呈现书中某一方面的精华。

（2）与荐书类文章明确的"写给别人看"的目的不同，梳理新知的读书文章更像是"为自己所写"——通过写的过程，整理读书所得，使之进入自己的认知结构。

这类文章的创造性表现在找到一个视角或者一个逻辑体系，能够把读书获得的各种新信息，用自己重新组合的语言和架构方式穿缀起来。有些书有着比较严密的知识体系，在梳理新知时就不用大费周章，可以按照自己的阅读需求、原有的论述层次来呈现，书的逻辑就像一条暗线，信息重组围绕这条暗线就行。有些书没有完整的体系，像随笔集、选编作品集等，读这样的书我们获得的有价值的信息极有可能是零散的，梳理时就需要自己找"一条线"或"一个主题"来统揽。这样的文章归为读后感也可以，那条线或者主题，即读后所感。写作建议：

- 精细化阅读，做好标识和批注，把读书时的想法用简要的语言记录下来。
- 书全部读完之后，对圈画出来的文字再次阅读，对批注的文字再做梳理。
- 一本书给自己的启发比较多的时候，可以选择一两个重点展开，而不要面面俱到。

莫提默·J·艾德勒在其经典的指导读书之作《如何阅读一本书》中说："你真想拥有一本书，你就把它讲出来。"能把一本书的核心、精华内容讲出来，那一定是内化于心，而且相当熟识，这才能组织好语言，轻松自如、富有感染力地讲出来。对于大部分人而言，锻炼这种能力，一定要先认真梳理书的精华内容，按照某个逻辑清晰地、系统地写出来。

读后感：不吐不快，生成真知

在谈论读书的文章中，我们经常可以读到这样的文字：读书，就像和作者进行面对面的交流、心灵的对话……类似的表达还有很多。不过，真的深究下去，你会发现——读书其实是单向的信息接收活动。

如果说能够感受到像是与作者交流，大概是在读书的过程之中，我们产生了一些遐想、疑问，有了与作者沟通的想法，随着继续阅读，这些想沟通的问题或者之前的质疑，在书中得到了回应。

用心读书，一定会产生心理活动，共鸣、遐想、疑问、质疑等，其基础是自己的价值观、知识结构及经历等。所以，读书其实更多的是与自己交流——作者谈的怎么这样符合我的心意呢？他讲的我怎么没有想到呢？哦，是的，我由此想到了一件事，想到了之前读到的一句话，我突然顿悟一个道理……

读书，从作者那里获得信息、经验、智慧之后，我们得以与自己对话，审视自己的思想、经验。书好比一种催化剂，引发了自己思想、经验的重新组合反应，生成了新的见识和智慧；也好比一个火种，点燃了思想之火，照亮了自己的心灵世界，得以更清晰地认识自己，最终重塑自己。读书时，有意识地展开与自己的对话，就为写好读后感打好了基础。写作建议：

- 抓住自己感触最深的一个点来"集中阐发"。这个点可以是书中众多内容中的一部分，也可以是自己对全书内容的整体理解之上的感悟。
- 写读后感不必拘于章法，不必追求"整体把握全书"，把读书过程之中的共鸣心得、启发感受、质疑问难等所思所想真实而详尽地"和盘托出"很关键。
- 主题要集中。阅读的过程中我们所产生的想法是很多的，但要完成一篇结构完整的读后感文章，就要对自己的心得收获、所思所想做一些梳理，把内涵一致或相近的内容集中到一篇文章里。如果读一本书，想法很多，涉及方方面面，那就多梳理出来几篇。所谓"把书读厚"，大概就是如此。
- 提炼读后感的内涵核心，为文章拟定标题。"读《××》有感"这样的表述不是文章的标题，只能作为副标题。

能做到上面几点，就能写出一篇合格的读后感。但要想写得精彩，最终还得在思想、视野及实践方面慢慢用功。

有教师说，读书的过程中我确实有很多感慨、想法，但是当我去写读后感的时候，发现三言两语就写完了，感到自己的文章很单薄、没深度，这是很多老师在写读后感时都会遇到的问题。怎么办呢？让书与自己的学习和生活发生联系。读书的时候，你想到了自己经历的什么事情？想到了身边的哪些人、发生的哪些事、读过的什么文章？把这些话题展开。

读书时获得了一些启发，有了改变生活的冲动，自己长期思考或者现实困惑的实际问题有了一些"光亮"，那么，把这些问题思考（问题解决）的过程展现出来，就是比较有深度、有阅读吸引力的读后感。

陶行知先生有一篇关于"伪知识"的文章，对于写读后感也很有启发。陶先生讲，"不是从经验里发生出来的知识便是伪知识"，但也并不是所有知识都要"从自己的经验上得来"，"假使我们抹煞别人经验里所发生的知识而不去运用，那真可算是世界第一个大呆子"。"把别人从经验发生之知识接到我们从自己经验发生之知识之上去，那么，我们的知识必可格外扩充，生活必可格外丰富。我们要有自己的经验做根……"

读书，写读后感，积极地与自己的经验相联系，就是在建构自己的知识，形成自己的真知。

书评类：发现一本书的可爱与可疑

书评是读书之后，对书的内容、写作角度和方法、在学术领域内的意义、可能产生的影响等，作出分析与评价。浅白地说，书评，就是要对一本书的品质品头论足，或发现特别之处、有价值之处，或提出疑点、可商榷之处，给出一些意见、观点。

日常生活中，我们经常会对一个人或一件事物品头论足，发表一下见解，似乎很简单，但那是在"不负责任"的情况之下的评论。写书评不一样，白纸黑字，如白染皂，是要负责任的——

（1）书评会影响一本书的潜在读者对它的价值判断。

（2）书评如果写得真诚、写得好，也会对作者直接产生影响。

（3）在读者看来，书评也是一面镜子，照出书评作者的思想层次、审美旨趣以及人格气度。

但是，我们也不必对写书评有畏惧心理，认为那是学识渊博、见多识广的专家学者才能写的文章。读完一本书，只要你对书的某些方面，无论是它的角度、内容、意义、语言，还是布局谋篇、写作形式等，想发表意见，都可以写，唯一需要注意的就是，给出一个评价观点之后，一定要提供充足的论据，做到有理有据，让人信服。

论据是多样的，可以是公认的理论，也可以是从事例、实践当中总结出来的经过时间检验的经验和常识……论证时要符合逻辑，要严谨，能够支撑自己对书的评价意见。

书评类似读后感，但有区别：读后感，只要坦诚地谈出自己读书时的感受、思考就够了，可以很主观；而书评需要在读后感的基础之上，有比较严谨的论证，要尽力做到客观。

写书评应真诚，好就是好，不好就是不好。社会学家黄纪苏对出版、读书界的一个乱象曾有一个评论："到处都是帮派，都是哥们义气，以及没有原则的胡吹、乱捧。"对于好书、让自己感动的书，我们可以由衷地赞扬，但这种赞扬要有节制，符合实情，有理有据。

写书评，应有独立精神，即不受其他因素如利益、人情、面子等的干扰，不人云亦云，敢于就书中的问题与作者争鸣，或者能站在一定的高度，从不同的视角对图书所阐述的问题提出自己的见解。这依然需要言之有物，有理有据。一句话，我们需要写"讲真话"的书评。这里不说"公正、客观"，因为每个人都有自己经验和视野的局限性，有自己的立场，很难完全客观，但真诚一些，表达真实看法，不虚伪、不违心，尽力实事求是地评价一本书，总是可以做到的。

写书评，要能从书中抽身出来，调动所有的阅读体验与积淀，来发掘书的特别之处。曾经读过的书、思考过的问题就是一个个台阶，会让你站到高位来审视这本书，或化成一个"透视镜"，看到书中潜在的、有价值的东西。

要评论一本书，就需要对书中涉及的学问做一个比较通透的把握，且有自己的见解。换句话来说，要想写好书评，只有在一个领域内见得多了，好的、坏的，都稔熟于心，才能够炼成一双慧眼——妙在什么地方、妙到什么程度，拙的怎么个糟糕法，都能说出个子丑寅卯。

写出一篇好的书评，更多的不是方法和技巧的问题，根本在于学识与阅历。所以要想当个能评论书的教师，就要老老实实读书和增加阅历。

44. 不读通透不成文章

前面对于读后记的各种类型做了简单的分析概括，提出了一些建议，目的是提醒老师们：想写好读后记文章，最好还是能够有针对性地做一些写作练习。针对不同类型的书，根据自己读书后的收获情况，写出不同类型、风格明显的读后记。

当熟悉了各类读后记的特点，在大量练习之后能熟练地写出"明明白白"的读书文章后，就可以随心所欲，不必太在意分类、形式，可以是"混合型"的，而把文章写得精彩、能够吸引读者读下去，而且有收获，才是重点要关注的。

一篇好的读后记文章，是"独立的存在"，即可以不用翻看那本书就能够让读者顺利地读下去、读懂、读通、读出滋味的。因此，老师们写完一篇读后记文章，自己可以测试一下——跳出自己的作者身份，把自己当成没有读过那本书的读者，看文章有没有理解障碍，自己能否读得流畅。

为什么要提这一点，是因为我在担任读书版面编辑时，经常收到自己没有读过的书的读后记文章。一些文章让我头疼——不采稿吧，有时候直觉这本书确实值得推荐；采用吧，可文章写得不通，读不懂，或者感觉一些地方讲不通，而自己还没有读过这本书，手头也没有这本书，所以很难修改。

在一些教育报刊上常常读到不好理解的读后记，难以卒读。实际上，这仍是作者缺失读者意识的问题。所以，写读后记的时候，通过引文也好，转述也好，一定要把该交代的内容叙述清楚。需要注意的是，引文的篇幅不能长，要控制在文章全篇字数的三分之一以内。

教师是要通过读书、"解"书、"说"书来对学生发展施加正面影响的职业。教科书也是书，教师的专业能力在很大程度上就体现在对书的解读、转述上。练就高超的"解"书和"说"书能力，离不开以读书去开阔视野，离不开读书之后通过写作而锤炼深入思考问题的能力。

读书、写读后记文章于教师专业成长的最基本意义，大概如此。

最后一点提醒：不读通透不成文章。写读后记，必须认认真真地把书读得通透，否则，绝对写不好。总之，希望老师们先做读书人，再做教书人；要做读书人，多写读后记，最后也成为著书之人。

第八章

创作教育类文学作品

45. 教育文学创作，教师可以走的路

创作教育类文学作品，是教师写作的一个方向。当然，这是那些有文学志趣，也有一定写作功底的老师可以尝试的一个领域。很多教师是有文学梦的（或者曾经有过），爱好诗歌、散文、小说等，在当地报刊副刊发表"豆腐块"是他们孜孜以求的。

建议这些教师把创作的视角聚焦于教育生活，寻求创作的灵感。一来独辟蹊径，优势整合，促进自己的观察思考和文字磨练；二来更容易从自己的兴趣中获得成功体验，为人生开辟新的发展可能。

教师成长的路径是多样的，与磨课、上公开课一样，创作教育文学作品也能够促进教师对于教学的深入理解。后者是兴趣驱使，或是自我成长启蒙后的理性选择，磨砺的是教师教学的"内功"，成效慢，然而坚持走下去，影响深远。

现实当中已经有教师先行，积累了很多经验，有兴趣、有条件的老师也可以大胆地去尝试，探索自己新的成长之路。

几年前的圣诞节前夕，郑州市二七区长江东路小学举办首届戏剧节，在这个活动上，我遇见了著名的儿童文学作家杨红樱，有了很多交流。

那时候，杨红樱的书就有了3000多万册的销量。她在成为专职作家之前，做过7年的小学语文教师。在谈到创作校园小说、儿童成长故事时，她说当时只是想着让学生喜欢自己，并没有成为作家的念头。那时候（1980年）学校的课外书还很少，为了让学生有读书和学习兴趣，她自己写一些童话故事，阅读课上，就把自己的作品夹在书中间读给学生听，学生都还以为是书上的故事，每周都期待上杨红樱的阅读课。这让

杨红樱获得了创作的自信,学生后来知道是她写的,就说,老师您写得这么好,为什么不发表呢?这个时候,她才想到投稿。

还有一位影响力蒸蒸日上的"80后"儿童文学作家商晓娜,也有过几年小学语文教师的经历。

小时候,商晓娜就有作家梦,读大学期间,她就创作青春小说。大学毕业后商晓娜做了小学教师,教语文。有一次她到书店给学生买故事书,但找了许久,却没有挑到满意的。这时,她有了为学生们写一本故事书的强烈愿望。于是,商晓娜就开始在心里构思故事,并利用空闲时间写出来,然后在自习课时念给学生听,没想到,学生们都很喜欢,追着要听。

这些故事后来结集出版,成为商晓娜的儿童文学处女作《一年级的小豌豆》。

首届河南最具成长力教师、郑州市某中学的赵渝老师,洞悉了初中生的成长烦恼,深刻体察了中国校园里的种种故事,他把自己的观察与沉思变成了长篇小说《宋潜的问题》。

这样的案例还有很多。杨红樱、商晓娜后来都离开了学校,成为专职作家,但她们都说,为了保持创作的热情与灵感,她们从未间断与孩子们的交流,可以说依然生活在孩子们的世界里。

教师职业有着创作教育文学作品的优势——与学生朝夕相处,熟悉孩子们一个阶段的兴趣点与话语特征,有更多可以探寻他们内心世界的时机,更了解校园生活的真实状态,懂得教师的喜怒哀乐,作品更有可能赢得师生共鸣。教育文学创作这条路教师可以走!

46. 创作童话故事，语文教师有优势

中小学教师确实忙，即便能写出好的故事，也难以全身心投入商业化包装和市场推广当中，所以，依然做着教师的儿童文学作家，都不似专职作家那样"红"。但是，两种身份能够平衡，对教育、对文学都是最有益的状态。

王钢，曾经是河南省实验学校郑东小学的语文教师，如今已是很有影响力的儿童文学作家，但并没有离开教育。他的作品有"好看"系列——《我们是钢丝》《梦该怎么解》《天才歪点子》；"我们的非凡小学"系列——《我们的非凡小学》《班里唯一的女生》……都是自己真实的教育生活的艺术化再现，孩子们很喜欢读，已有百万册的销量。

王钢开始写校园小说是源于对杨红樱的"不服"。话说王钢看到班里的不少孩子们都读杨红樱的书，他也找来一本读。当他在厕所里赖了半个多小时，看完《五三班的坏小子》后，满心地不服气，走出厕所，扬着手中的书对妻子说："这样的书，我也能写，而且我会写得更好。"

为什么这样"狂"？因为王钢爱写作、懂学生，还曾在一些儿童报刊开过专栏。不过他写的不是校园小说，而是他和学生的教育叙事。

再比如深圳市西乡中心小学的语文教师宋瑞。她的校园小说《四（2）班翻天了》《五（2）班麻烦了》等，市场反响也不错。书中的故事素材很多来自学生，因为她担任班主任，师生关系融洽，学生都愿意和她讲心里话。

宋瑞说，在创作故事时，她有意让笔下的小学生个性十足，使每个人都能代表一个群体、一类学生，让孩子们能在书中找到自己的影子，

获得成长的启发，"让学生这样受到教育，比老师严肃地在教室里讲道理要好很多"。

还有浙江省武义县实验小学的语文教师汤宏英——著名的儿童文学作家汤汤。她的作品《到你心里躲一躲》获得"第八届全国优秀儿童文学奖"，其他作品还获得"陈伯吹儿童文学奖""冰心儿童文学奖"……儿童文学的重要奖项几乎都拿过。

在 2003 年之前，汤老师虽然也常写文章，但都与教育关系不大。偶然参加的一次培训让汤老师的观念发生了巨大变化，心中才有了为学生而创作的冲动。

还有一些籍籍无名的老师，默默地在写。

河南省汤阴县第二实验小学的韩秀琴老师（现已离休），曾创作童话作品《小豆豆旅行记》。小豆豆是班里的一个学生帮助妈妈在田里收割黄豆时，留在他口袋里的一颗黄豆。这颗小豆豆有灵性，在课堂上听韩老师上课很有意思，就自己蹦了出来……这个童话是她在乡下教学时写的。农村家庭藏书少，父母也不重视阅读，孩子们可读的书很少，她就创作故事，把自己想对孩子们讲的，关于礼貌、勇敢、责任、友谊、善良等内容融入进去。尽管这个童话的艺术性、可读性不能与名家作品相比，也没有机会发表，但孩子们听得津津有味。韩老师给孩子们留下了珍贵的童年记忆。

再如，河南省焦作市解放区王褚乡中心小学的齐加全老师。2013年，他教二年级，以自己班上一个插班女生为人物原型，写了十多万字的《齐齐上学记》。读了这个作品，我被齐老师的真诚打动，我深切地感受到他在努力地理解学生、积极地影响学生。齐老师没有刻意去搞文学创作，当然作品就没有特别精致的布局谋篇，人物、情节远不如《君伟上小学》精彩。这个作品发表的可能性不大，因为里面矛盾冲突不激烈，也缺少逗学生发笑的成分……可齐老师说，我没想着要发表，"我创作这个作品，主要还是记录教育生活，窥探孩子的幼稚心理，反思自己的教育行为"。

为了写这个作品，齐老师几个月时间里没少熬夜，他不愿意写流水账，就在不断的构思中，"质疑并纠正自己的教育策略，选择最佳的姿态方式"，"不断考问自己的教育态度、理念、智慧"。

　　真心期待这样的教师能够再多一些。语文教师创作儿童文学作品，无论对于语文教学，还是教师个人成长以及儿童文学本身，都是极有益的事情。

　　实际上，不止是王钢对充斥市场的一些儿童文学作品不满意，坚持引领学生和家长开展童书阅读的北京师范大学遵义附属学校副校长岳素蕊，也在报告中表达了同样的看法——虽然学生喜欢，看得"咯咯"发笑，但仅此而已，值得回味、思索的东西太少了，学生精神成长所需的养分被稀释了。可是，这类儿童文学作品却在市场上大行其道，成为一种潮流。这或许与社会大氛围有极大关系。

　　有人把教育性、文学性看作文学创作当中的一个矛盾，为了突出文艺而淡化教益，甚至有意地"躲避崇高""消解意义"。实际上，文学性与教育性是一致的，不弘扬真善美、不批判假丑恶，匮乏教育价值的文学作品，不是好作品。

　　文学，人文教化之学。文学性与教育性之所以被一些人当作矛盾，是写作者的追求发生了微妙的变化——写作被负载了更重的利益诉求，要去迎合本应克服的人性之弱点。而教师站在教育者的立场创作儿童文学作品，能够减轻为了迎合儿童口味而放弃引领儿童审美品质提升、思维走向"广深"的创作异化程度。

　　就像一位爱孩子且负责任的母亲做饭绝对不会单单迎合孩子的口味，而街头的餐厅一定会。

　　与职业作家的创作相比，教师的非专业创作更多的是因教育带来生命感动后的本能倾吐，是教育思考、情感积累到一定程度的自然喷发，因而更珍贵、更打动人心。所以，语文教师可以成为很好的儿童文学作家，只要你愿意坚持为班里的孩子写童诗、童话、小说，愿意把美好的教育期待融入其中，让孩子们通过阅读、倾听来实现自我教育。

真实的教育生活是教师的宝贵资源，从中筛选创作素材，艺术再现教育情境，让平平常常的生活具有更大的趣味，这个创作过程会使教师的教育生活以及教师自己都得以重塑、再造。

　　作家阿来说，写作首先带给他的是"巩固自己的内心"，并不是试图去教育他人，"文学是潜移默化的感染，用（作家）自己的内心的坚定去感染，而不是用一些漂亮的说辞"。

　　汤汤曾这样阐述创作童话带给自己的变化："因为童话，我的内心世界变得丰富了、轻盈了、纯净了、踏实了、温暖了、快乐了、超脱了、豁达了、平和了、饱满了、淡定了，也更柔软多情了。"

　　教育者提升精神内涵，受益的除了学生，还有教育者本身。

47. 儿童（校园）文学创作的教育学意义

创作儿童（校园）文学作品，对于语文教师而言并非不务正业，至少会使语文教师从三个方面得以改进，提升专业水平和教学效果。

第一，会显著提升教师的儿童文学素养，教师解读文本、重整教材的能力会增强，进而对学生的阅读兴趣和能力培养产生积极影响。

创作儿童文学作品需要调动所有的知识文化和思想储备，还需要充分调动想象力，如果教师积淀不深，很快就会被"掏空"。创作儿童文学作品，离不开认真品读经典的儿童文学作品，读、写的实践过程能大大提升教师的儿童文学素养。

对儿童文学作品的学习研究，会带动教师的教学发生改变，如对课文有新的认识，对一节课的教学目标定位有新的谋划，对教学资源的组织有新的考量……这一切都会推动语文教学回归本真——让学生热爱读书，善于思考和表达，崇尚正义、善良等。

素养是以能力、自觉行动为表现的。具备儿童文学素养的语文教师，能够解读一个作品的文学形象、艺术表现特点，提炼其内涵主旨，并鉴别作品的优劣；熟悉经典的儿童文学作品，能够娓娓道来其熠熠生辉之处，随时给孩子们及其家长推荐适合他们的作品；熟悉市场流行的儿童文学作品及其作者，能够给出自己的独立评价；教学语言丰富灵动，能够将孩子们引入他们熟悉的文学情境，或者是他们喜欢的形象化的意境，因而富有感染力；时常有悲天悯人之感，感知生活与他人感受的意识增强……

汤汤、宋瑞、王钢……这些有作家身份的老师，他们的课带给孩子开阔的想象空间、愉快的学习体验，孩子们很喜欢，教学效果也特别显著。这是教师成长自然带来的结果。

第二，会促进教师的教育反思，转变教学观念，尤其能够激活与巩固教师的童心，树立教学的儿童立场，让自己的课和教育更适合学生。

教学是师生共同完成的学习活动展开过程。何谓好的教学？我认为是在合理而清晰的教学目标指引之下，教师能够在思维、情感方面激起学生强烈的共振。好的教学，尤其需要有一颗懂学生、贴近学生的心灵。这就是保持一颗童心。很多教育家、名师都表达了童心对于教学的重要性。

苏霍姆林斯基说："只有那些始终不忘记自己也曾是一个孩子的人，才能成为真正的教师。"陶行知先生说："忘了你们的年纪，变个十足的小孩子，加入小孩子的队伍里去吧！您若变成小孩子，便有惊人的奇迹出现！"于永正老师也说："教了50年书，最终把自己教成了孩子。"

教师不断成长，但"永远也长不大"，就一定会成为一名好老师。保持一颗童心，就是不虚伪，少算计，不为名利而放弃内心保有的真善美；保持一颗童心，就是能够时时处处不忘站在孩子的立场看周遭、想问题；保持一颗童心，也意味着不管年纪多大却依然对世界充满好奇和探索愿望，对未来充满想象与热情，就如乔布斯说的"stay hungry, stay foolish"。

教师创作儿童文学作品、校园小说等，是对自己教育理念、教育经验、教育理想、人生感悟等的一次检阅、梳理、提炼、演绎与输出。当教师进行故事的构思、写作时，人物角色不断切换，就是教育理念和方法的自我反思过程，会增进对儿童的同情和理解。

创作是输出，也是自我的再造，就如汤汤和阿来的感慨，为孩子们创作，会让自己的心灵、精神"频道"与儿童更为接近，儿童立场会得以树立与自觉维护。

第三，会带动学生亲近文学、热爱写作，找到语文学习的乐趣。

30多年了，关于语文教学的讨论与争论不断，主要原因在于成效不佳——受过多年的教育，但不爱读书、写不好字、读不懂和不会写文章的人比比皆是；在中小学里，学生畏惧写作文、不喜欢语文课依然是普遍现象。对此现象，说一千道一万，最终都要落在教师身上——语文教师不读书、不会写、写不好，学生能好吗？

现在，语文教学的探索很多，深度语文、绿色语文、情智语文、真语文……数不胜数，可是，真正要提升语文教学的成效，不在于给语文再赋予什么新的内涵，语文教师自己多些语文实践——多读书、多写作，领着孩子们一起做——是最实在、最有效的方法。

创作儿童文学作品，是语文教师引领学生投入读写实践非常好的一个渠道，学生喜欢上语文课、欣欣然写作文会是很自然的事。

48.理科教师可以写科普文

教育类文学创作不是语文教师或者班主任的专利，教数学、物理、化学等学科的理科教师，只要有兴趣，也可以尝试。先看一篇短文——

八卦炉炼不化孙悟空的真正原因

古时候炼丹炉是煤炭炉，最高只能达到1200℃左右，而孙悟空是石猴，主要成分二氧化硅（SiO_2），熔点1600℃左右，的确炼不掉！

那么孙悟空为什么会被炼成火眼金睛呢？原来二氧化硅在八卦炉1200℃的高温下发生了玻璃化，所以具备了类似照妖镜之类的作用，可以看出妖精鬼怪。

那么八卦炉又为什么会坏掉呢？原来孙悟空的组成远非SiO_2那么简单，还有一部分碳酸钙（$CaCO_3$）。在八卦炉1200℃作用下，碳酸钙发生分解：$CaCO_3=CaO+CO_2$。二氧化碳（CO_2）使得八卦炉内压力增大，最终导致八卦炉爆炸，孙悟空破炉而出！

那么孙悟空破炉而出之后为何变得狂暴呢？因为他身上的碳酸钙变成了氧化钙（CaO），吸收空气中的水分发生化学反应会发热，故而狂暴。

那么后来孙悟空为啥又温和了呢？还跟唐僧一起去西天取经？原来如来把孙悟空压在五行山下，常年风吹日晒，孙悟空身上的氧化钙又吸收了雨水，随后变成了氢氧化钙 [$Ca(OH)_2$]，所以性情也就变得温和了。

后来孙悟空为什么能够成佛呢？原来在西行的路上，孙悟空身上的氢氧化钙又在不断地吸收二氧化碳，最终到了西天之后又变成了碳酸钙，变成了坚硬的金身。

这是在网上流传的一篇"神文"，对《西游记》中的"经典桥段"做了"科学"解释，作者不详，很可能是一位化学教师。《钱江晚报》的记者采访杭州市第十四中学的化学教师汤小梅，汤老师说，这篇文章尽管逻辑上有些牵强，但涉及的一些化学原理还挺对头。我偶然间读到这篇文章后就念念不忘，觉得是挺不错的一篇"科普文"，在教学碳酸钙、氧化钙、氢氧化钙等知识时能引起学生兴趣。

教师不能小瞧这样的创作：化学版的《青花瓷》让四川省乐山第一中学的化学教师邱伟"扬名"，生物版的《小苹果》也让郑州市第四中学的李会敏和牛旭毅两位生物教师"立腕"……学生喜欢活泼的教学形式。这些并不是科普创作，可一样体现了"玩中学"的精神。

再说说数学，这是被很多人视为噩梦的学科。数学难学是因为它的抽象性，很挑战人的思维，如果教师教学得法，就能让学生因为思维活跃起来而产生一种巅峰体验，从而喜欢上数学。现实里，学生学习数学却多是在教材、习题、试卷中穿行，满脑子只有定理、公式、数字；学习内容往往与学生的生活相脱节，很多内容没有能够通过学生的思考、理解、转化运用而内化成为他们的思维品质。再加上频繁考试的压力，数学带给学生的是恐惧、厌恶多于欢乐。

然而，数学对学生思维品质发展的促进作用是其他学科无法替代的，既然"抽象"是数学学习的一大障碍，那教学时就需要尽力使抽象的内容具体化、有趣味，要想办法激活学生的思维。

在《给教师的建议》一书中《谈谈对"后进生"的工作》一文里，苏霍姆林斯基记录了自己帮助数学成绩差的学生的经验：编了一本很特别的习题集，有200多道题，多是从民间搜集来的，每一道题就是一个引人入胜的小故事，绝大多数题不需要计算，却要大动脑筋。苏霍姆林斯基领着孩子们读这些题，就像读其他书一样，并不做特别要求。一个叫费佳的学生，原先数学很差，但慢慢地读、思考这些题，自己也能想到答案。后来，苏霍姆林斯基又为费佳搜集了大约300本书或小册子，有些与课堂学习有关系，有些没有关系，但都是有关思维练习的。

这样的阅读进行了两年，费佳的数学成绩就赶上来了。到了六年级，费佳还对物理产生了浓厚的兴趣。苏霍姆林斯基给学生推荐的习题里蕴藏着很多数学的思想方法，不知不觉学生就投入到思维练习之中。这些有趣的习题能够称得上是数学科普文。

著名的儿童科普文学作家、首都师范大学数学系教授李毓佩从20世纪70年代末就开始了数学科普创作。他的作品影响了几代人，直到现在，他的作品，像《奇妙的数王国》《爱克斯探长》《数学侦探故事》《非洲历险记》等还深受孩子们喜爱。

李老师有一个观点：最好的小学和中学教育就是科普化的。因为科普化的教育有故事、有历史典故，能唤起学生的兴趣，激发他们去想象和思考，不知不觉就进入了主动学习的状态。"不爱学习的孩子哪儿都有，可不爱听故事的孩子一个也找不到。"李老师创作"数学故事"的初衷很简单，就是让数学变得好玩儿。

所以，有心改变学生糟糕的数学印象的老师，除了在课堂教学上改革，还可以引导学生进行"数学阅读"，而有写作爱好与底子的数学教师更可以做些类似创作，从而为孩子们开辟出新的数学学习路径。

著名的数学家张景中先生在谈数学教育时讲过这样一段话：教师对培养孩子们的数学兴趣能起到至关重要的作用。我认为，最糟糕的教学就是让学生在学习一个公式后做几十个类似的题目。数学教学的改革也不能只着眼于讲什么、不讲什么，先讲什么、后讲什么，教师应该下功夫研究在课本之外有没有与众不同的、更好的表达方式。不但教学生算，更要教学生想。奥数总是让选手在4个半小时里做3道题，就是提倡深入思考，所以有些选手后来成了出色的数学家。

"教师应该下功夫研究在课本之外有没有与众不同的、更好的表达方式"，这句话是在提醒数学教师——换一个"新的言说系统"教数学。

北京十一学校的潘国双老师就在这样做——他重新编写数学教材，采用中学生的语言风格，增强故事性与可读性。他的课堂教学以学生自读教材为主、教师讲解和学生讨论为辅，教学效果非常突出。

河南省修武县城关镇大韩村小学的程新梅老师原先在乡中教英语，后来调入县城小学教一年级数学。一段时间里，她极不适应，后来，她明白了：教学得适合孩子，而不是让孩子适应自己。从 2012 年 3 月起，程新梅就开始了"数学乐园"连载童话故事的创作，想办法让教学契合低年级孩子。她说，创作童话故事有个原则——除了有趣、好玩之外，"情节与孩子们正在学的数学教材内容有一定联系，但又适当高于教材"。

"马云乡村教师奖"获得者、河南最美教师、清丰县高堡乡英满城小学数学教师王艳着也在这样做，收获更大，成果更突出——她为学生编写的数学知识故事被出版社看中，出版了《好玩的数学奇遇记》《狐狸美岛》等。

这些老师的努力，就是为数学知识的呈现换一个"新的言说系统"。换什么系统，这是创作的核心，是创造性的体现，需要教师结合教学内容，思考，学习，在灵感不断生发中完成创作：

• 创造故事情境。把数学知识融入契合学生年龄和心理特点的"叙事"之中，可以悬疑、魔幻、重讲历史，甚至颠覆经典。

• 创造生活情境。将数学的原理、思维方法、逻辑推理等与学生熟悉的日常社会生活事件对接，与他们感兴趣的事物建立联系。

• 创造游戏情境。将数学问题转换成学生喜欢的闯关游戏、运动游戏、智力游戏等，让知识"活"起来、"用"起来，脑袋或身体"动"起来。

理科教师运用专业学科知识创作科普文，一方面是实实在在地落实备课创新，另一方面是在"掘一口自己的井"，为科普事业做贡献。

49. 一位物理老师创作的启示

　　河南省滑县产业集聚区英民中学的物理教师栗粉红是个痴迷教学、爱钻研的老师。她注意到社会新闻里不断报道各种各样的事故，如高速公路上的车祸、高层住宅楼上扔出西瓜皮砸伤人、高压锅爆炸、手机电池充电时爆炸、加油站里静电引起火灾、校园里发生踩踏事故、幼儿被遗忘在校车内丧生等，就动起了脑筋——这些都是能够结合物理知识拓展开来讲讲的啊，于是开始有意识地收集典型事故案例，然后运用物理学知识解析原因。

　　课堂上，当学到相关的知识时，栗老师就会穿插这些新闻案例。因为联系生活现实，学生很感兴趣，顺理成章地也把相关的安全教育渗透进来，一举两得。这样一来，栗老师的课不仅很受学生欢迎，学校也很欣赏。2013 年，她申报了省级课题，对这样的教学做了更深入、系统的探索。

　　2015 年，她的阶段性成果《学会生存——100 例与物理有关的安全事故》结集出版。在书中，栗老师把事故案例按照所涉及的物理学知识分成了力学、热学、声学、光学、电学、磁学几类，在呈现案例之后，先分析事故发生的物理学原理，然后做拓展介绍，讲解相关的物理知识和安全教育提示等。

　　我很认真地读了这本书。读完之后，感到这本书确实很有价值，不仅能提高学生学习物理的兴趣，还能让学生在生活中增强各种安全防范意识，对于其他教师也会有启发，可以说栗老师为教师做科普开了好头。

　　当然，严格来说这本书不能算真正的科普书，它呈现的是真实的事故，而非特别有趣的故事，趣味性还差点，另外讲了很多物理学知识，科学精神及思想方法却涉及不多⋯⋯因此，特别希望一些有追求、有想法的理科教师能够在教学、帮助学生应试之外，尝试做一些科普创作。这无论是对教师自身还是对学生发展的影响，乃至提振中国的科普事业，都是很有意义、影响深远的一件事。

请西方的"德先生""赛先生"到中国"落户"，这事我们做了百年了，但结果如何呢？中国第八次公民科学素质调查显示，到2010年，全国公民具备基本科学素质的比例为3.27%。这个数字意味着中国每100人中，仅有3人具备基本的科学素质。2015年，第九次公民科学素质调查数据为6.20%；2020年，第十一次公民科学素质调查数据为10.56%——这表明国家的科学教育很有成效，一直在进步。不过，与发达国家相比，我们的差距还很大。比如2000年，美国公众达到基本科学素养水平的比例为17%，2018年为28%；2005年，瑞典的这一数据为35%；2014年，加拿大为42%⋯⋯而在对科学方法的了解程度上，中国排名更是靠后，为倒数。

今天的教育成效决定明天的社会状况。做科普，长远而有效的方法其实是在基础教育阶段，在源头用功，做奠基的事，事半而功倍。

理科教师不能只是帮助学生应试，还要让学生学习"活"的科学知识，掌握科学的思维与探索方法，具备勇于探索、实事求是、不盲从、独立思考与判断的科学精神，这样才对得起肩上"教书育人"的责任。

怎么做？首先，教学应自觉跳出应试思维的限制；其次，多为学生推荐经典的科普书，当然，前提是教师自己知道有哪些好作品，并且读过；再次是"下水"，也尝试搞一些创作，帮助自己的学生学得更有乐趣，就像栗粉红老师一样。

当今，中国的科普作家青黄不接的状况已持续多年，好的本土原创作品特别稀缺。"李毓佩教授们"只要身体健康，依然会继续写下去，但是，教理科、有冲劲和热血、视野和思维开阔、更懂学生的年轻教师，也该尝试着去接棒啊。

50. 教育"美文"的选题和技法

　　在探讨记录教育生活、写学生故事时，提到了教育随笔的概念，但并没有继续深入说下去。实际上，我模糊了教育随笔与教育案例研究的差别，把教育叙事、教育日记、学生故事等与教育随笔混为一谈。其实，两者是有差别的。

　　写教育生活、写学生故事等，实质上可以归为教育案例研究写作，强调了教育写作对于促进教师教育反思、进入思考与研究状态、解决真实的教育问题、改进教育实践的重要意义。而教育随笔与教育案例研究的区别在于它们的关注点或书写重心不同。

　　案例研究重在由案例提取需要关注的教育问题或现象，展开对一些具体问题的思考、研究，寻求策略；教育随笔重在有趣味地记录、描述所见所感所悟，虽然也观照教育现象，阐述思考，却往往"点到为止"，并不系统、深入，而是随性、自由地"表达自我"。

　　教育随笔，类似散文——立足于教育者的立场所写的散文，文体自由，不拘一格，短小精悍，在感人至深之后寻求共鸣、抒情言志、启迪思想。

　　如今社会上有"美文""心灵鸡汤"类作品的概念，从文章形式上，教育随笔大致可以归为此类。因为教育随笔更"接近"文学作品，就把它放到这个章节，探讨如何写教育随笔、美文。

　　我长期关注了两位写教育"美文"的教师，一位是江苏省东台市第一中学的丁立梅老师，一位是河北省开滦市第一中学的张丽钧老师。两位老师都是出版了很多作品集、与《读者》《意林》《格言》等畅销报刊签约的作家，她们的文章还被选入教科书，甚至被选作各地的中考、高考的阅读理解试题。

丁老师的作品，抒情感怀、写花花草草的较多，如《每一棵草都会开花》《忽然花开》《尘世里的初相见》《风会记得一朵花的香》等，自有婉约风格，很多老师、学生非常喜欢。

张丽钧的作品语言平实，探讨教育生活的更多，生活中的所见所闻、所做所想都可以经由她的笔成为能够打动人心、启迪生命的作品。

不善写作的教师，困惑的问题往往是"没啥可写"，似乎他们的生活当中没有欢乐，没有感动，没有愤怒，没有忧伤，没有期待。其实不然。自觉"缺少写作素材"的教师，我推荐读一读张丽钧的《做老师真好》，会获得很大的启发。

张丽钧现在担任学校校长，却依然上课、写作，让人很佩服。她说，上课、写作，是乐趣，而非想要摆脱的痛苦——这样的状态很值得教师去细细品味体会。

我对这本书的86篇文章做了粗略的分类统计：其中，写自己学生的有9篇，写老师的有4篇，写到课堂及学生作文的有11篇，写朋友的有6篇，写家人亲戚的有4篇，写发生在学校里的事情的有7篇，日常生活及外出经历引发思考的有20篇，由读书思考展开的有12篇，由听来的事情展开的有13篇。

可以看得出，张丽钧做到了记录生活的点点滴滴，抓住一次次的灵光乍现，分享自己对教育、对人的成长的态度和见解。

生活中不缺少美，而是缺少发现。如果觉得自己的教育生活"没啥可写"，往往是懒惰的一个借口而已——要么思想懒惰，要么身体懒惰。

怎么写教育随笔？可能大家得到的写作指导就是——先写一件事，要尽力有趣、感人等，然后再抒发感想、议论。然而这本书却告诉常说自己"不会写"的老师：教育随笔写法自由，不必纠结于章法，发现有价值的内容才是写作关键，平稳叙述，娓娓道来，就是最好的表达方法。

（1）对于所见所闻，尽力"还原"，不露声色地把读者带进自己所感动的那个"现场"——让读者如同在自己身边，听己所听，见己所见，共鸣内心所言。

比如，一位老艺术家应邀到张丽钧的学校做报告，他的开场白和对于艺术价值的讲解特别精彩，张丽钧就用大段的直接引文完成了这篇教育随笔，告诉读者，既然造物主爱我们，让我们成为了人，那么我们就需要用艺术的"美"来宠爱自己的生命。

再如，张丽钧新结识了一位上海朋友，在得知眼前的这位美女是著名作家后，这个新朋友就迫不及待地讲了自己承诺为一个同学买书，却在22年后才买到的真事，希望作家能写下来。张丽钧交代完背景，就以朋友自述的方式写下了这个故事，告诉读者，诺言是需要实现的，哪怕时间再长；人要活在爱和勇气当中，要不遗余力地去传递爱和勇气。

（2）固定时间让自己坐下来写，哪怕是挤牙膏似的，也得坚持，积极地捕捉一丝丝灵感。

文思泉涌、妙笔生花常用来形容作家的创作能力，但张丽钧在一篇文章里告诉我们，写文章，靠得住的往往不是才能，而是坚持。

她时常生出"掏空了自己的感觉""以为自己再也写不下去了""生活似乎永在重复，感觉笔慢慢地钝了，锈了"。然而，就在绝望、无奈时，"一个点"轻轻触动了她，就"倏地活转过来"。

（3）对接讲话，丰厚内容与思想，把自己每天的"所思要讲"变成教育"美文"作品。

在一定意义上讲，教师是面对学生讲话、与学生交流的职业，尤其是班主任，应该用好这个平台。除了写学生故事，并以此展开学生研究，更可以为学生写教育"美文"，用这种方式与他们沟通，把美好的教育期待融入其中。

做班主任，有一项常规工作，即召开班会。现在很多学校的班会都是有主题、成系列的，有时还会放手让学生来设计环节、主持班会，把班会变成学生展示和锻炼的平台。这种方式确实非常好，要比原先班主任自己一个人说教、对学生训话更有意义。不过，以学生为主体的班会，班主任并不是完全抽身，也要在学生围绕主题充分发表观点之后，给出自己的意见。故此，建议班主任为自己在班会上的发言做足准备，把自己要讲的内容变成一篇篇有意思、有价值的教育"美文"。

安徽省巢湖市无为县实验小学的彭荣辉老师就是这样做的，他的《夕会故事——孩子，我讲给你听》一书就是如此积累而成的。他笔下的故事，很类似张丽钧的教育"美文"（他这本书被称作教育小品）。课堂上学生带给自己的感动，在上学路上看到的事情，读来的故事，自己的经历，等等，他都赋予教育的意义，在每天放学之前生动地讲给学生听，分享自己的看法、思考。

这种方式学生非常喜爱，不知不觉受到教益，还促进彭老师自己的成长、发展——后来他成为全国知名的教师，还被南京市北京路小学以优秀人才引进。

作为教师，心灵的眼睛需要努力睁开，追求"诗意地栖居"。这是写教育"美文"需要的一种状态，或许也是一种技法。从更深远的意义看，这不仅关乎教师个人的幸福，还关乎学生的健康成长，关乎民族未来的精神品格。

第九章

写教育评论

51. 教育评论是一项"高阶修炼"

　　教育评论，也称作教育言论、教育时评，是教育报刊非常看重的体裁文章。教师写作，当然也包括写教育评论。但据观察，在适合教师阅读的报刊当中，写教育评论的作者中以职业撰稿人居多，再就是高校和教科研院所的从业者，以及媒体人兼做评论员，教师的数量并不多。

　　为什么呢？因为教育评论不易写，想写好更难。

　　教育评论的主要发声者却不是教育实践者——这种现象很值得玩味。如果我们认同教育工作的专业性，那么，也一定需要更专业的教育评论，需要更多的教师从真实的教育生活出发评论教育现实。

　　教师写教育评论，至少有三个方面的益处：

　　• 促进思考，磨砺观察和思考的敏锐度。在试图对教育现象或教育热点问题进行分析与言说时，不能浮于表面，要透过现象或事实看到因由、本质等，没有一定的观察力和思考力，这是难以做到的。坚持写教育评论，类似于做思考练习。

　　• 增进教育理解，对教育的基本问题开始有自己的见解。教育评论实质上是观点与价值观的输出，而专业的言说，其观点和价值导向就要契合教育本质和本真追求。坚持写教育评论，会引导你自觉地寻求对教育的深入理解和高度俯瞰。

　　• 锤炼语言，让表达精练、准确，有逻辑。尽管现在教学有了许多新技术，教学观念也在改变，但教师教学仍主要依托语言交流，其追求的效果依然是"引导""说服"，所以教师必须锤炼自己的语言，使之

"有物""有理""有味"。写教育评论，会让教师注意语言表达时的精准，说理有凭有据等。

浙江师范大学刘尧教授认为，教育科学是由教育理论、教育史和教育评论三大部分组成。教育理论回答教育是什么、为什么，教育史回答历史上教育做过什么，还能做些什么；教育评论则回答教育做得怎么样，应该怎么做。

这些见解能让我们对教育评论的价值有更深的认识，即上升到教育科学的层次来研究它。

故而，教育评论是一项"高阶修炼"，有写作习惯的教师，在写教学随笔、教育叙事等一段时间之后，可以尝试着进入这个领域，无疑对于提升自己会有更大的促进。

52. 建立自己的评论系统

　　不管是评论一项教育政策、一项教育改革的成效，还是分析一种教育现象，或是评论触动人们神经的教育热点事件，需要一个前提，即评论者需要有一套"标准"和"论证系统"，否则，评论无从谈起。

　　我们每个人都有自己的一套价值标准和说理方式，只是很多人自己意识不到，或者并不清晰而已。当你决定要做一个教育评论者时，就需要有意识地去建立自己的这套标准和论证系统。怎么做呢？根据刘尧教授的观点，需要学习教育理论和教育史，具备一定的教育理论素养，对于历史上教育做过哪些探索、做到了什么程度有所把握。这与"不断读书，读大量的书"的常识性认识是一致的。

　　教育评论是要对教育事物、现象等作出价值判断或优劣分析，而且有比较详尽的论证，有理有据，这样才会让人信服并从中得到启发。因此，这套标准和论证系统主要基于对教育深入且具体的认识，比如，教育到底是要干什么，即教育的本质追求是什么？好的教育有什么特点？为什么？

　　进一步将其具体化、细化：好的学校有什么要素？学校应有什么样的文化氛围？什么样的教师能够称得上是合格的乃至优秀的教师？发展良好的学生应是什么样的状态？对一些学困生、行为有偏差的学生，好的教育者应采取什么样的态度，以及辅导的基本策略？好的课堂教学是什么样子，应有什么基本特点与原则？好的学校管理呢？好的师生关系呢？教育改革的价值和目标是什么？学校层面的教育改革的基本路径应是怎样的？什么是学校文化，优秀的学校文化体现在哪些方面？什么是课程？怎么认识课程对于学校发展、师生发展的价值？……

还可以继续深入下去，从教育现实当中挖掘出更多细微、具体却是"根本性"的问题，好好做一番探讨。

当一位教师对于这些问题作出认真深入的思考，能够基于教育理论、教育发展史给出自己的一些见解和论证，那么，他对于大多数的教育现象和问题，就可以作出"靠谱"的评论。

教育教学关涉人性。人类直立行走、脱离兽类之后，开始具备"人"之属性、社会伦理，步入文明；之后的多少万年，人性未变，作为人的思想和情感的表达虽然不断丰富，形成种种不同社会形态下的"文化景观"，但核心不外乎真、善、美。只要人性没有本质性变化，剥去教育的"社会之用"的"外衣"，其核心价值追求是永恒的。

当然，每个人都会有自己的认知局限，因而每个人的价值标准，或者说对教育的认识，不应该也不会一成不变。特别是在当前的大变革与信息化的时代，教育业态随着教育工具、技术手段的丰富，已经发生了不小的变化，很多已经超出我们的想象。不断出现的教育新现象冲击着我们原有的认知。比如，依托于互联网的"在线课堂""翻转课堂""独立教师"已经出现，未来的学校、课堂、教师、师生关系将会是什么样子？故而，我们的"标准"，特别是"论证系统"也需要发展，不断完善、丰富。

做一名教育评论者，就意味着不能停止读书学习。

53. 先从教育内部"说事"

教育自成"系统"，有专门的组织机构，有专业人员负责，有自己的一套运转规则，学校还用围墙圈起来，甚至实行封闭式管理，等等，但教育无时无刻不受社会生活或者"外面的世界"的影响。

教育是一项社会事业，是社会大分工中的一种，不可能"与世隔绝"。"知识的殿堂""象牙塔"一直被用来比喻教育和学校，但仅是精神意义上的。教育的事情很复杂，痼疾多，就在于千头万绪，不是教育系统内部就说了算、能解决的。

一个教育现象、教育热点事件，往往是多方面因素共同作用的结果，写教育评论，就需要把视角探到社会的层面或高度，把根源性的一些问题挖掘出来。

但是，作为教师，当你想写教育评论时，要先从教育"内部"说事。换句话讲，即面对一个教育现象、一些教育热点问题，尽管我们知道其是多种因素导致的结果，我们还是要先对"自身"做分析，找内部的、"自己"的问题。

这样来写教育评论，是教育评论的存在价值本身所决定的。

• 教育评论的价值在于引领舆论，传播先进、科学的教育理念或价值观，或者通过解析教育现象或事件背后的问题、障碍，提出一些有针对性的意见，最终推动教育实践的改善。

• 树立契合时代发展潮流的教育新理念、新价值观，以这个途径推动教育的进步，责任首先应该由教育从业者担当。

• 面对教育现象、教育热点事件反映出来的教育经验和教育问题，评论所引领的舆论导向应是"有则改之，无则加勉""见善如不及，见不善如探汤"。回避教育内部的问题，把教育的"病"最终都推论成社会问题，是推卸责任。

教师写教育评论先从教育内部说事，还有一个非常重要的原因，即现在的教育评论当中，很多人说的是外行话，专业的声音太少、太低。从教育的内部说事，也是在向社会大众传播正确的教育观念、科学的教育思维方式与教育方法，让更多的人了解当前教育内部正在做的事情以及需要坚持的专业态度等。若任由不专业的教育评论传播，只会让教育越来越丧失本应有的独立与专业，导致教育的环境越来越糟糕。

实际上，现在教育被社会舆论绑架的倾向已经越来越明显了，最为典型的一个表现就是，教师在教育当中自发地抛弃了"惩戒"这一合理的教育手段，以至于"不敢惩罚学生""谈惩罚色变"。后果呢？我们的学生发展如何？大家对此都有所感悟与观察。

几年前，发生过这样一件事：江苏省常州市正衡中学七年级的班主任在开家长会时，建议周末时少让孩子看以演艺明星娱乐闻名的某卫视的节目，一位家长把这写成一个帖子挂到了网上，引起了热议。当然，很多人对老师的建议很赞成，但也有不少质疑的，甚至上纲上线，把老师的建议想象成学校的"禁止"，批判一通，认为学校管得过宽、思想保守，"有碍学生更多地了解社会现实""禁锢学生的个性"云云。

后来，《中国青年报》就这个热点话题采访了正衡中学校长沈慧琴。沈校长回应了质疑，而且非常坚定地支持这位班主任的做法，表现出了很强的专业素养与专业态度。她说，学校"需要对社会文化的优劣进行鉴别，并用精品文化来引导学生"，老师理所当然地"有引导学生接受精品文化熏陶的责任""教育就是要让孩子行走在正确的轨道上，对他们有一些必要的约束和合理的限制，正是让孩子不偏离正确的轨道"。这就是向社会公众传递正确的教育价值观，纠正一些似是而非的观念。

沈校长没有抱怨社会环境对于教育正向影响力的消解，而是强调了学校、老师的责任是什么。比如，在正衡中学，学生是主人，不是"被管理者"，孩子们可以与校长对话，任何有价值的建议，学校都会采纳；学校引导和帮助学生进行社会实践、社会调查，鼓励学生阅读一些哲学、美学、心理学方面的名著，做一点超越这个年龄层次的尝试；等等。这些实际上就回应了一些人所担心的问题，也能够给其他学校和教育者带来不少启发。

　　这可以看作一个生动的从教育内部说事的教育评论案例。

54. 发掘与言说教育"真"问题
——教育评论写作关键（一）

怎么才能写出一篇不错的教育评论，有三个关键处需要关注，要下些功夫去研究实践。

第一个关键是，发现真正的教育问题。教育评论可不就是要言说教育问题吗？但是看看眼下报刊上及自媒体里针对教育事件、现象的言论，很多不是在探讨真正的教育问题，思想肤浅，没有多大的传播价值。

《中国青年报》刊发过一篇《不写板书的老师是不是好老师》的评论。作者观察到一个教育现象：电子课件在小学语文课堂的运用非常普遍，在教育信息化以及新课程改革的大背景之下，课堂活跃、学生参与度高，但板书极少，而且很多学校对教师的板书要求也没有那么高了。

这篇评论选题很好，观察到了一个很重要的教育现象，但评论没有触及真正的教育问题。作者提出，"高效的课堂和板书是有逻辑关系的……一个富有教学经验的老师，靠着板书说课，老师的思路和学生的思路靠着板书引导。板书不仅是一门艺术，而且也是课堂教学必不可少的道具"。其观点主要是，板书在教育信息化当中"不过时""不落伍"。

这样的评论"很无力"，因为没有触及教育现象的根源。在新课程改革和教育信息化浪潮的背景之下，教育系统中一些过去坚持的基本功，比如教师板书、普通话、简笔画能力等，被弱化或者被抛弃，有人心浮躁、跟风的原因，但根本在于教育者对于小学教育到底追求什么，要为学生打下什么基础等问题认识不清，坚持不够，再追问下去，还有教学评价的偏差。

再看《中国教育报》上的一篇教育评论《批课堂监听不要只拿信任说事》。文章关注到一件教育热点事件：云南、贵州、沈阳、上海、广州等地，一些小学生在家长要求下将各种"监听神器"带进课堂。事件被媒体披露后，舆论反应强烈，认为教育出现了"信任危机"。

评论认为，既要强烈反对课堂"监听"行为，因为信任是教育的根基，又要避免将部分家长的监听意图放大为"教育信任危机"，更要看到这类事件凸显的家校合作机制建设的紧迫性。

此教育评论也没有关注到真正的教育问题。真正的教育问题在于这么多地方的学生家长纷纷提出监听课堂的原因，其中有教师专业成长、提升管理智慧的问题，也有学生的行为习惯养成教育的问题。

课堂完全可以利用教育信息化设备全天候向学生家长"开放"，蓬勃发展起来的在线教育已经做到了。这比一周设定一天的"学校开放日"更为开放，这无关"信任"。

首先，课堂是师生共同学习生活的特定公共空间，教育的利益相关者或关心教育质量的人，都有权利了解课堂的状况——只要不干扰教学，师生能够自主决定课堂监控画面的使用方式、处理方式，并不涉及侵犯师生隐私。其次，课堂被完整记录下来，有利于教师积累教学资源，适合教师作教学反思以及教学交流。再次，有利于记录学生课堂状态，促进学生自我调整学习行为。

实际上，这样做就是把每堂课变成了范围可控的公开课，有何不妥？最大的障碍无非是师生的观念认识及心理不适。如果师生认识到其中的益处，改变原先"关上教室的门上课"的观念，而且学校充分尊重师生的意愿，给师生适应的时间，所谓的监听课堂就不存在"信任问题"。

有专家认为教学是创造性劳动，监听课堂可能侵犯教师的"知识产权"，而这个问题是能够通过学校管理创新得到妥善解决的。

再看"光明网""凤凰网"上，《有教无育，何来学生全面成长》《读书价值不可以"钱途"论》《别把代课老师当成廉价劳动力》《学生运动和读书不要远离纯粹》……这些评论，只看标题就已经大致把握了其实质内容，选题不佳，价值不大。

作为教育者，言说真正的教育问题才有意义，选题才有价值。原因很简单，教育评论的读者多为教育工作者，需要听到专业领域内的创见，获得启发，更新观念，在自己的专业领域内有所作为。

从教育现象和教育热点当中发现真正的教育问题，即找到好的言说话题，是一种能力。有意写教育评论的老师，需要锻炼这样的能力或敏感性。怎么做？多读，多练，多积累。

55. 有条理，讲逻辑
——教育评论写作关键（二）

写教育评论的第二个关键是，文章有条理，讲逻辑。

教育评论聚焦一些教育现象或具体的教育热点，需要对所关注的现象、事件等作出比较明确的价值判断，是好，是坏，赞成和支持什么，认为哪些地方做得不好、不对，等等——这是评；论，就是为自己的"评"提供依据，揭示和解说问题，展示分析、阐发的推理论证过程。

写评论要求有理有据、条理清楚，从文章观点到论述过程都经得起推敲和质疑。评说质量如何，"自己的评论系统"是关键。

强调这一点，是因为我们普遍缺乏逻辑思维的训练，在言说中表现为"不会说理"。这个问题不是仅在学历低、受教育程度低的人群中存在，即使大学教授，专业能力很强，也常在报刊发文章，他们当中也不同程度地存在这个问题。我就对一位研究教育信息化的大学教授的评论文章非常有意见。他观察到的问题都存在，一些分析也非常有道理，但我实在无法忍受他把"同一事物但不同属性的情况"搅和在一起言说的方式。没有条理，逻辑错乱，影响评论的力量。

对于头绪多、牵扯多种因素的教育现象或问题，评论时各类情况一码归一码，事情分开讲，道理各自说，无疑能引领读者理清思路，更清晰地认识问题。

报刊上还常见这样一类评论文章，看似有与众不同的观点，但细读下去，就会发现文章存在的问题：作者无意中忽视或者是有意过滤了一些重要信息，这才使自己的立论得以成立，有故意曲解、哗众取宠的嫌疑。

教育评论的"初心"是说理、传播真理，所以一定不要犯"不讲理"的错误：

（1）基于全面客观的事实。写教育评论之前，应尽力全面地搜集相关信息，特别是在对一些教育热点事件进行评论时。

作为"局外人"，我们都是通过一些媒体报道或新媒体传播的信息来了解事情的来龙去脉与是非曲直，而信息传播者如果抱着一些目的，有选择性地传达信息，就会直接影响评论的走向。

现在经常出现一些所谓的"反转新闻"，让不少时评人自己打脸，此即掌握信息不全面而急于评论的缘故。偏见，往往是长期接受有限信息、虚假信息的产物。一篇不错的教育评论，被认为"视角独特""见解独到""深刻"云云，实际上是因为作者掌握的信息量大、认识比较全面，能从不同角度来审视的缘故。

（2）坚持"尊重、理解"的态度，即能站在教育现象的主体、教育热点事件当事人的立场来思考分析问题——其初衷是什么？什么原因导致了现在的情况？……

以这样的架构写教育评论文章，有助于发现真正的问题所在，梳理出其脉络。这是"讲道理"的评论方法。

绝大多数教育者的"初心"是好的，（当然，不排除有人将老师和学生变成谋求私利的工具）一片"好心"，却"办坏了事"，在当下的教育中是很常见的现象，教育评论中这样的选题也非常多。把问题剖析明白了，找到好心办成好事的障碍，对于教育者的帮助是很大的。

（3）逻辑框架清晰。事实（背景）、观点、分析与论证的材料要按照一定的逻辑关系分类、分层，有序呈现，条理分明。

这看似是文章结构布局、材料分类与排序问题，但实质上是作者认知水平、思维品质甚至是价值观在起关键作用。养成理性、严谨与追求精确的习惯，有一分事实（证据）就只说一分的话，坚守良知与正义的底线，是写出好的教育评论文章的"诗外功夫"。

此外，常见的逻辑谬误，比如以偏概全，把关联关系当因果关系，断章取义，以名人名言作为论据，偷换概念，等等，也需要教师警惕，无论写文章还是生活当中讲话都应尽力避免。

最后，推荐徐贲先生的《明亮的对话：公共说理十八讲》，老师们读一读，对于写出思维缜密、逻辑严谨的评论文章会有很大帮助。

56. 传播有价值的信息和积极情感

——教育评论写作关键（三）

写教育评论的第三个关键是，传递有价值的信息和积极情感。

教育评论，实际上是借着对一些教育现象、教育热点的议论来传播教育科学，所以只做到"自圆其说"是不够的，还要传播科学的教育理念、积极的教育策略，能够让倦怠的、对未来感到迷惘的教育者重新燃起"灵魂之火"。

一代代人，其实困惑的教育问题差不多，除却教育技术的更新换代，核心问题无非是帮助学生顺利地度过求学时代，增长才干，锻炼能力，培养品格，未来能更好地适应与建设社会。但是，政治、经济等因素都会左右教育的目标走向，甚至让教育异化，使人丧失应有的品性，降格为某种工具。教育评论的本质目的是要不断引起人们对教育异化的警惕，让教育保持应有的品质与价值取向。

怎么做到呢？要依靠教育理论以及历史长河中积淀下来的优秀的教育实践经验，通过评论，对教育中各种关键问题提出应对原则或者方法。

比如，几年前，曾有一所小学让调皮捣蛋、学习成绩不好的学生戴上"绿领巾"，此事在社会上掀起舆论风暴，人们纷纷指责学校"给学生贴标签""歧视后进生""伤害学生自尊心"等。

教育评论止于此，显然不够，需要深入探讨到问题的根源——教育评价及激励策略方面的观念落后、思虑不周、方法欠缺，此外，还需要给出有价值的改进意见，这才够"专业"。

学校的初衷是善意的，绝对不会是为了达成人们所批评的那种结果。学校一定是为了安慰或者激励暂时落后的学生，使之"知耻而后勇"，积极进取，但在操作上犯了错误：只是站在自己的立场上考虑问题，没有从学生和家长的角度以及更高层次的教育精神的角度来审视这个决策。

"知耻而后勇"的想法没错，错在"耻"是学校、老师强加给学生的，而非学生自己从内心生发出来的。那么，激励学生的原则是什么呢？怎么对学生进行发展性评价？好的教育评论应把重心放到这里。对于教育读者而言，这是最有价值的信息。专业的教育评论应关注到学生评价与激励的基本原则。比如：

• 不应是单一的评价项目及标准。这是基于尊重和正视学生个性、差异的立场。

• 做阶段性和过程性评价，少做结论式、为学生"定性"式的评价。这是基于学生是发展中的人的立场。

• 对学生的评价不应笼统，而应明确、精准、富有激励性。这是基于评价的反馈与指导性价值。

评价要发挥出发展的导向性、引领性，能够让学生确认自己的发展水平，树立自信心和明确方向。以此对照，让所谓的后进生戴"绿领巾"的做法就非常不合适。

激励学生应遵循这些原则：

• 激励应针对学生积极的行为，前提是有明确的良好行为表现的结果标准，如基于自身的学业水平，较高质量地完成了作业。

• 激励应蕴含积极的价值导向，使学生获得精神上的成长导引，激活学生自我发展的内在动力。

• 激励应契合学生的心理需求，应通过顺畅沟通让学生明白自己获得激励的原因及老师的期望，老师也应了解学生的感受、想法、意见等。

• 学生可以拥有多样的激励方式选择权。

学生的发展、成长基于他自己的选择与努力，外在的激励是要激发起他对自己负责的意识。当教育评论能够揭示出这些更深层次的教育理念时，一定会对教育实践的改进有所帮助，这样的评论不是那种表达愤慨情绪、泛泛而谈批评学校把学生分成三六九等、伤害学生自尊心的评论所能比的。

教育惩戒是最近几年特别火热的评论话题，因为不断曝出师生冲突、家校冲突的新闻，相关的评论多是说现在的学生难管，家长溺爱，呼吁给老师"惩戒权"，制定可操作性强的细则，保障教师的合法权益，教师要更智慧，等等。这些意见都很好，非常必要，可年复一年，重复同样的论调，就显得评论深度不够，没有触及教育惩戒的核心。有价值的教育评论，应能够帮助老师们在现阶段，也就是没有惩戒的相关细则出台、教师合法权益难以强力保障的情况之下，弄清楚自己该怎么办。当然，轻易放弃自己的教育责任，一定是不可行的。

好的教育评论至少应关注到四个方面。

（1）主动赢得学生信任，构建和谐的师生关系。可能有老师对此观点不以为然——如果有和谐的师生关系，好多问题都解决了，还用你说？其实关键在"主动"二字。师生关系的状态，教师是主导性的，要负主要责任。一个对工作丧失热情、心有旁骛的老师，就不大可能赢得学生的信赖与喜爱，也难以与学生和谐相处。

教师可以严格要求学生、坚持原则，但一定不要凶，要注意自己对待学生的态度，如讲话时的语气、神态等。这其中有很多学问值得老师去研究、探索、实践。

（2）要多与学生家长沟通交流，赢得他们的理解、支持。真诚，是最好的策略。

（3）把学生的教育管理、惩戒等问题，转换成民主议事、遵守规则的长期实践。

学校既然是学习的地方，为什么不学习民主地制定规则、修改规则，学习遵守规则？培养学生的公民素养，建设民主法治社会，难道只有通过上课，学习课本上的民主和法治知识？师生可以一起讨论制定课堂、餐厅、寝室等各处的规则，商定师生与家长都认可的、学生可以多项选择的奖惩方式，然后按照规则行事，培养良好的学习生活习惯，培养法制精神——这从根源上避免了因为标准不清、师生认识不一可能引发的矛盾冲突。同时，这又是在学习和践行民主生活，是一举多得的教育实践。

（4）最后，教育不是万能的，对于"教不成""惹不起"的极个别学生，尤其是在初高中阶段，那就追求"平稳"。的确有教不好的学生，比如从家庭的"根儿"上起，他就"毁"了——家长的道德品质有问题，不通情理，蛮不讲理。这样的情况下，明智的做法是"安稳住"，不影响其他学生，顺利"送走"即是胜利；能教育他的，还有社会和政府。这样的学生不会多，但一定会有老师遇到；这种情况不算老师没有责任心，不可耻。

教育评论有这样的深度，传递出给人启发的信息，才算是有价值的。

（5）好的教育评论要能让教育读者焕发使命感和热情，生发出想去尝试的积极情感。

做教育报刊编辑这么多年，我有个感慨和困惑：有思想、有思考力的教师不多！为什么？后来，我自认为想清楚了，总结了一句话：没有理想，何来思想？没有情怀，何来理想？没有热爱，何来情怀？

关于教育评论，最后想说的是：教育评论是专业评论，要体现专业水准；专业评论，要输出有价值的观点信息，其背后支撑的是专业知识与精神，是教师的思想与热情。

第十章

给报刊投稿

57. 自媒体流行，还给报刊投稿吗

写作，是非常体现个人风格的表达思考与情感的方式。不管什么文章类型，只要自己有兴趣写，对教学有促进，老师们都可以尝试与坚持。养成了写作习惯，笔耕不辍，不断把自己的教育经历及观察思考写下来，那么，将来要做课题研究、写论文就不会是难事。

说起写作，绝大多数情况下会联系到"发表"的问题。

当今的网络时代，发表相当简单。先前有教育论坛、博客，现在又有了自媒体，爱写作的教师只要在某个大平台申请一个公众号，就能解决文章发表、著作权保护、赚稿费等问题，文章的传播更迅捷，影响力直观明确。这对教师来说，真的是一个好消息。

那么，问题来了——教师还要不要在报刊上发表文章？

我的建议是：如果你还没有在报刊发表文章的经历，没有因为写文章而获得一些专业认可，那么，还是值得为此花一些时间的。

在正规的教育报刊上发表文章是有"门槛"的，达不到一定的标准，就上不了版面。一篇文章从作者的"原稿"到读者手中的"出版物作品"，一般要经过责任编辑、值班主任、副总编或者总编，甚至外审专家等多道"关卡"的审视、打磨，其思想观点的高度与深度、语言表述的准确与规范，是得到专业认可的。

相比之下，无论是在教育博客发表，还是在公众号推送，都是"零门槛"，无需经过谁的审阅和同意，确实省心，但同时也失去了获得他人指点的机会。

向教育报刊投稿，与在自媒体如微信公众号上推送文章，同为"发表"，除了难易之别，两者对作者的影响也有很大不同。

发表在报刊上的文章，是作者与报刊社共同创作的结果，编辑则是报刊社的代理人——坚持报刊社在理念立场、专业水准等方面的原则，为文章的质量负主要责任。对作者来说，编辑又是读者的代表——编辑通过调研，在一定程度上了解读者的阅读需求，文章发表后，还可以把读者的意见反馈给作者。这样一来，报刊不仅是在满足读者通过阅读而实现的精神需求，也是在培养读者的阅读旨趣、思想倾向、语言规范习惯等。向报刊投稿，作者首先要赢得编辑对自己文章的欣赏，要"迎合"作为报刊社代表的编辑的挑剔眼光。

在自媒体上推送文章，一定意义上是作者与读者的共同创作。自媒体的信息交互便捷，读者的口味与阅读期待会对作者的写作直接产生巨大的影响。

阅读是伴随着思维活动而进行的，无思维则无阅读。通过计算机显示屏、手机屏幕的阅读与通过传统纸媒、书籍的阅读，差异巨大，这个差异就是思维深度的落差。在报刊发表文章与在自媒体发表文章，最终对作者写作的影响的差异，也是因此造成的。

纸质媒体阅读，易于进入"深度阅读"的状态，即有较高的专注度，思考的时间更长、更深入，而网络阅读往往就是"浏览"，快速，粗略，思考浅尝辄止。对于这个结论，脑神经学专家、心理学家、教育学家，已经做过了很多研究，有专业的论证，可信度很高。其实，对此现象，大家也都深有体会。

这种情形之下，不同的"迎合"必然导致文章形态、风格迥异。在报刊上发表的文章，思想新锐但中正，语言规范且克制，尽管在自媒体的冲击之下，报刊读者的阅读口味发生了变化，报刊文章在内容、形式方面也主动求变，向网文"靠拢"，但是仍能坚守准确、严谨、规范的底线。

自媒体，如微信公众号里的文章，往往从标题开始，就要考虑引起读者的注意。因为在信息的海洋里，不搞标新立异，不能直接挠中读者的痒处，读者就会忽视。这导致自媒体文章发生很大变化。首先是在选题上紧追热点，不会系统地去关注一些现象和问题，所以"碎片化"就难以避免。其次，"标题党"横行，而文章内容呢？绕开严肃追市井，拒绝理性求夸张，放弃严谨拉情绪，冲击底线毁三观。

在用点击率、"在看"数等直观量化数据来衡量一篇文章的价值成为现实之后，自媒体中很多人的写作就悄悄地发生了变化，即"迎合用户"。而用户的口味只会越来越重（这与吃饭的口味很相似），"用心思考""真诚写作""言为心声"等导向渐渐就被抛弃，除非作者真的不在乎阅读量。

所以，以专业成长为导向的教师写作行动，需要与手机阅读保持一定的"安全距离"；警惕被互联网上的低品位阅读者"同化"，陷入浅薄的、有套路无营养的写作模式。

当然，在报刊发表文章也一定会遇到"削足适履"的情形，一些闪耀着思想光芒的尖锐的观点和语言，会被删改。可换一个角度看，这样的修改、加工，也是可以理解的——因为克制，而更加客观、准确与理性。

这种情况类似于教师参加各种级别的优质课大赛要经历多次"磨课"。众多从优质课大赛中脱颖而出的名师，都表达过类似的意思：参加优质课大赛对教师是一种重塑，教学设计、课堂语言、对课堂环节与节奏的掌控、与学生互动、突发状况的应对……这些课堂教学基本功都得以历练和提高。

像李镇西、蔡朝阳、田冰冰、闫学、钟杰等名师，他们的微信公众号文章能够得到众多读者的点赞、转发、打赏，名气导致的"追星"是一方面，另一方面则得益于他们在传统纸媒发表文章、出版专著的"长期修炼"，他们的文章确实有足够的情感穿透力、思想传播力。举这些例子，不是说要去复制人家的成功，实际上也未必能够复制得了，而是说：从提升写作能力、寻找写作方面的帮助这个角度看，主动地向报刊投稿，目前看，还是不错的选择。

    一边是便捷的、没有门槛的博客与公众号，一边是有些难度的报刊，你会选择哪个呢？其实最好的方法是兼而有之。它们又不是鱼和熊掌，何必非要选一个，排斥另一个？

58.编辑想要什么样的文章

建议刚开始写作的教师不要那么热烈地拥抱自媒体，先从给报刊投稿练起，磨炼、检验自己的教育思考和书面语言表达能力。这是一个很重要的方向选择。

那么，接下来，就必须弄清楚一个问题：编辑想要什么样的文章？

这个话题，很多优秀的同行、前辈都讲过，大家的意见比较一致，读者的来稿能否引起编辑的兴趣主要看四个方面：

第一，文章是否适合报刊的"读者定位""内容定位"，文章的选题、类型、语言风格等是否合适，有没有相关的版面、栏目能够容纳。

编辑一般看看文章标题，再简单浏览一下文章，就能有个初步结论。比如，一篇非常精彩的课堂实录文章，写了五六千字，投给了某教育报，也许就因为没有相关的版面，或者版面字数所限，难以采用；再如，你把一篇教学反思文章投给了读者定位于班主任的某期刊，尽管很精彩，但编辑一般会把文章丢到回收站。

第二，文章是否有"新"东西。

到目前为止，我还是相信自己的看法——除技术更新换代之外，教育没有"新问题"。教育就那些核心问题：教学定方向，学习靠自主，道德讲责任，沟通求共鸣，成功需坚持……教育的价值、原则、方法等，古今中外的教育先贤前辈已经探索、论述得非常透彻了，教育之变是因环境、技术、个体等之变而变，但其基本规律没变。那么，为什么还不断需要新的文章呢？因为这个时代的人看这个时代的文章最便捷，背景相同也容易获得共鸣。一代代新人在成长，他们同样会遭遇前人经历过、困惑过的问题，而且环境在变、需求在变，就会不断产生新的问题和麻烦……媒体上的文章，就是在呈现这些问题、麻烦，并给出解决建议。

很多问题实际上已经讲过多遍，讲透了，但还得继续发文章（报刊也要生存发展），还得让读者愿意读，怎么办？只能"求新"。喜欢新刺激，也是人脑的一个特征。

怎么新？新的案例、新的材料、新的语言表达、新的角度、新的叙事背景、新的技术方法……前面也谈过，文章写得精彩的老师，往往是因为做得好，他能够在实践中有新的探索、发现，从而能提出新的观点，言别人之未见，说别人之未行。其实，每个人都是独特的，能够把自己成功的教育实践用文字鲜活地呈现出来，体现出自己的特点，文章就有发表的价值，就能在众多的来稿当中让编辑眼前一亮。

想"出新"，离不开多读。读得多，才会发现能够为自己所用的各种新信息，才会知道自己的文章在海量文章之中处于什么层次，是不是独特，是不是"够新"。

第三，文章的语言是否流畅，表达是否清楚、准确。

报刊编辑常有这样的经历：在来稿中，发现某篇文章适合版面和栏目，浏览时也觉得案例、观点、关注的问题等有些新意，就决意编发。然而，当开始编辑文章时，即开始细细地读时，却发现文章的语言问题不少，如错别字、标点符号使用错误、病句、用词不准确、语言拖沓等，如果真要采用的话，就需要从头到尾逐句修改。这样的"工程量"太大，只好放弃。

文章中出现少许语言问题是正常的，但是太多的话，就会让编辑对你"畏惧三分"，可能从此"另眼相看"——你是个大马哈，写作能力缺乏锤炼，文章不可信赖。

第四，文章表达的核心思想，比如论述的观点、传递的价值观，是否经得起推敲、质疑，是否契合时代发展潮流。

第五，报刊编辑很看重文章的逻辑性，以及对主题的思考深度和全面性。作者对一个问题的论述思路不甚清楚、思虑不缜密，表现在文章上就是存在逻辑漏洞，如概念不清，层次混乱，材料不足，论证无力，支撑不起主题，等等。

这实际上就是要求作者在写文章之前，要把自己想要说的事，无论它多么小，在思路上必须捋清楚。

简单概括一下，报刊编辑最想要的是主题清晰明确、语言准确精练、材料新鲜充足、层次清楚、逻辑强大的文章。

在报刊上发表文章不容易，非一日之功，但也与教师没有认真研究已发表的文章，不知道报刊、编辑想要什么样的文章有关。不知道方向，怎么可能接近目标？

59. 从阅读与熟悉报刊开始学习投稿
——投稿建议（一）

不少老师认为在报刊发表文章是"非常难""不敢想"的事情，甚至有些老师还存在必须认识报刊社的人，与报刊编辑拉关系、走后门的观念。其实，有了投稿的想法，只要用些心思，做些研究，坚持写作练习，一定会成功的。给想投稿的老师提三个建议。

第一个建议是，从阅读与熟悉报刊开始学习投稿。

熟悉一两种教育报刊，是投稿成功的前提。我到学校调研、采访，与老师交流时，发现一个现象：能自己订阅几份，哪怕一份教育报刊的老师特别少。有老师抱怨，学校不给老师订阅教育报刊，即使订了，也多放在校长室……

建议有投稿想法的教师，首先要做的是熟悉一两种教育报刊；如果学校的客观条件不允许，那你完全可以自己订阅。做到了这一点，在成长、成功的路上，你就超越了大多数人。

坚持阅读教育报刊有这样几点好处：

• 阅读报刊的过程也是你了解报刊的栏目要求、文章类型、语言特点的过程。报刊上的某些文章，终会在某一刻调动起你大脑中的教育实践经验与感悟，让你也产生表达的愿望。

• 坚持阅读某一教育报刊，其语言的规范性、风格等，也会影响你的语言表达。

• 经常阅读某一报刊，报刊因为某个选题策划而特别约稿的机会，你才能及时抓住；而一旦开始了投稿，就又有了直接和间接得到编辑指点的机会。

一般而言，现在的报刊编辑很少能有时间与精力就一篇文章与作者进行比较深入的探讨、指点。但也有例外，假如一篇文章在选题、内容方面有亮点，又存在一些小问题，那么编辑还是会抽出时间对文章的修改提出一些意见的。

当你收到一封关于稿件的编辑回信时，一定要认真读一读，想一想，尽力按照编辑的意见做修改。尽管修改之后的文章未必能入编辑的眼，但对老师来说，就有提高，至少让自己发现之前没有意识到的问题或缺失之处。

还有一种情况，一篇文章投出之后，一段时间没有音讯，就在你几乎要忘记时，突然有一天你得知文章发表了。在欣喜之余，还应抓住间接的编辑指点的机会——将已发表的文章与自己的原稿对比一下，仔细研究有哪些改动。这样的学习会让你受益匪浅——标题的改动、词语的更换、句子的修改和增删、段落的调整等，都是在给你"上课"——向编辑学习如何使文章增色，如主题更鲜明集中，语言更简洁流畅，词汇更精准，层次更清晰等。

刚开始向报刊投稿，一定要做好迎接失败一百次的心理准备，有不达目标不罢休的韧劲。很多老师起初投稿时满怀热情，但一直不见编辑采稿，心慢慢就冷了。学习写文章与天下的很多事情是一样的，首先需要在沉寂中积聚力量，需要把冷板凳坐热的耐性。

从在报刊发表第一篇文章到成为报刊骨干作者，还有很长的路要走。这条路实际上就是通过不断在熟悉的报刊的某个版面、栏目发表文章，从而锻炼出一定的教育观察能力、思辨能力以及写作能力的过程。

能够在一份教育报刊发表一篇文章，并不能说明什么，因为偶然性的因素还是很大的，只有你的文章能够不断打动编辑，才说明你的写作能力已经达到了一定的水平，你会被编辑当作值得信赖的作者。

当你能够在一份报刊经常发表文章，编辑对你已经比较熟悉之后，需要不忘"老朋友"，结识"新朋友"——主动地去开辟新的发表园地，成为另一份教育报刊的作者。尽管都是教育报刊，尽管报刊的版面、栏目定位也很相似，但深究起来，还是有很大差异的。这其中，编辑的眼光、水平、境界等，是一个很重要的因素。能在一份报刊经常发表文章，但在另一份报刊编辑的审视之下，你的文章可能还有不少问题。

现在"一稿多投"的现象非常普遍：不"讲究"的老师直接把自己的文章群发给各个报刊邮箱；"讲究"的老师，不会这样直接，会一个邮箱一个邮箱地发。要避免"一稿多投"行为，这会引起编辑反感，"多投"看似提高了投稿成功的可能性，实则适得其反，本来编辑能给你提出一些修改稿件的建议，但如果发现是"一稿多投"，也就没有了兴趣与责任。

所以，建议老师们"步步为营""稳扎稳打"，逐个地"征服"教育报刊编辑，让水平越来越高的教育报刊引领自己在写作上的成长。

60. 发表不是最终目的
——投稿建议（二）

给投稿老师的第二个建议是，不要让自己陷入为发表而写作的状态。

为发表而写作，与为应试而教学、为赚钱而创业很相似，说白了就是急功近利。有了这样的心态，就容易想到"走捷径"的办法，让"事"与"人"都异化。

教师要明确写作和发表对于自己的真实价值：

• 通过这种方式，促进自己的学习、思考，推动对教学实践的反思和改进，获得对学生、教育、人生等的更多更深的理解，进入教师应有的一种读书人的生命状态。

• 借助发表的渠道，与教育同行交流自己的观察与思考，传递经验或思想理念。

• 通过是否能发表来评估自己文章的传播价值，即自己的思考、经验等能不能得到一定专业高度的认可，是不是有一定的影响力——通过这样的结果反馈，促进自己的观察、思考不断提升。

如果教师写作偏离了方向，冲着发表这个结果，那就大大消解了写作的意义。每一次写作其实都是自己全部生命经验的调动，能够打动编辑与读者的好文章往往有自己独特生命体验的分享参与其中。但是，我们每个人的生命的直接体验、间接体验都是有限度的，这是所有写作者都曾有过的感受——写到一定阶段，就出现了思维枯竭，写不出来，写不下去——生命积淀都有被掏空的时候。

所以，那些只冲着发表的写作，最后都会变成文字的东拼西凑，而自己的生命、灵魂不再投入写作这个过程。抄袭——这个让编辑很痛恨的行为多是在这样的状态下发生的。

老师们，请记住：你如果把四处抄袭来的文章发给编辑，这不仅是在侮辱编辑的人格，还在侮辱编辑的智商。不过，报刊编辑不是那么好糊弄的，你随随便便东抄一下、西挪一点，就想"过关"，根本不可能。说实话，我揭穿过不少这样做的老师，即使是精心"伪装"、"跨领域"改头换面的文章，也没能逃过我的眼睛。对于这样做的老师，编辑基本上不会留情面，一概会录入"黑名单"。

建议老师们把投稿的心态放平，端正写作的态度，认认真真地写出有着自己的生命温度与情感的文章。

61. 学习投稿方法和礼仪
——投稿建议（三）

　　给投稿老师的第三个建议是学习投稿方法和礼仪。

　　进入新世纪，伴随着新课程改革，新一代教师已经成长起来。现在的教师都是层层选拔，通过国考、面试等多个关口才能上岗的，毫无疑问，教师的学历、见识、教学能力等远远高于老一辈，但从投稿这个行为当中观察到的现象却让我感到，现在的很多教师不懂礼。

　　借助于互联网，现在老师给编辑投稿、沟通稿件情况非常方便，但不管是电子邮件、QQ 离线文件，还是微信，都改变不了它是信件的本质。可是，现在很多教师在投稿时，只有传送文章的行为，没有合乎信件交流、交际礼仪的行为——电子邮件的主题里没有"投稿"字样等信息的提示，邮件正文处要么一片空白，将自己的文章放在"附件"中，要么是直接将文章复制到邮件正文当中，没有任何与编辑交流的语句，有的甚至不写联系电话、通信地址……更不要说问候语、祝福语了。

　　如果加了编辑的 QQ 或者微信好友，就直接把文章发给编辑，而不是把文章发到专门的版面电子邮箱。有的老师在传了文章之后，还要与编辑聊，"套近乎"，却不考虑编辑是不是正在忙碌。过了没几天，就问稿件什么时间能刊发……

　　这些行为让编辑们感慨：懂得礼仪现在已经成为一种稀缺品质。投稿，不是简单地把自己的文章发给编辑就行了，依然应当遵守交流、沟通的礼仪规范。发电子邮件，发微信文件等，与以前的写信相比，除了渠道变化之外，没有本质区别，可为什么现在很多作为教育者的老师竟然忘记怎么写一封信了呢?

交际、交流中的礼仪,说到底是体现对对方的尊重,至少不给别人增添不必要的麻烦与不快。更进一步,就是自己稍微多做一点点,对方就多一些便利和舒适。老师给报刊投稿,是对编辑的支持,尤其是现在这个自媒体时代,所以老师无需有"讨好"编辑的想法;即使你想发表文章,那你与编辑也是合作关系。但是,这并不意味着老师不讲投稿礼仪就是对的。

作为教育者,教师应该为孩子们的成长、为社会更加文明与美好做个好的带动者、示范者。教师都应该像雷夫·艾斯奎斯那样,有自己的行为准则并奉行不悖。尊重别人,多为别人着想一点,可以首先成为行为准则的第一条。

从自己的体会出发,我梳理出一些投稿礼仪:

(1)自由投稿时,把文章发到报刊版面或者栏目常用的电子邮箱。即使你得到了编辑的 QQ、微信号,成为了"好友",最好也把文章发到电子邮箱,而不是给编辑发即时的文档文件。

原因很简单,即没有特别重要的稿件要交流的话,不去打扰编辑。编辑记者每天都很忙,工作量和工作时间不见得比老师少,在特别的日子还要加班,有时可能连续工作 24 小时。当你给编辑发 QQ 或者微信文件时,也许编辑正在签付印报刊,正在开编前会,正在编辑或撰写稿件,等等。集中精力工作时,编辑都不希望被人打断。如果是编辑向你约了稿件,而且交代第一时间发来,那完全可以通过 QQ、微信发送。

(2)通过电子邮件给报刊投稿时,按照写信的规矩,"主题"部分写上"投稿"字样及简单说明;"正文"有问候语,有稿件情况的简单说明,有祝福语,留下姓名、时间等等,就像在电子邮箱发明之前的写信一样。这样做,在编辑眼里你是有文化修养的老师。

(3)通过电子邮件投稿时,除了遵守写信的规矩,多做一点事情,就可以让编辑提高工作效率、减少一些工作量。

首先,在发送文章之前,把一些必要信息添加到文章里——标题下面要署名，在文章末尾，把自己的工作单位名称、职务信息、联系电话、通信地址、邮政编码、银行卡信息等写清楚，写准确。

留下联系电话，是为了方便编辑及时联系到你，与你交流稿件情况，如核对文章中的一些重要信息，等等。留下单位名称、职务信息，是因为有些报刊在作者署名方面有统一的要求，如果没有这些信息，也没有联系方式，会让编辑很为难。留下详细的通信地址、邮政编码，是在你的文章发表之后，方便为你邮寄样报样刊。如果缺少邮政编码，还需要编辑去查找，无端浪费时间。留下银行卡信息，是方便报刊社为你支付稿费。很多报刊社现在已经不再采用邮政汇款的方式支付稿费了，而是每个月或者一个季度统一由财务人员直接把稿费通过银行转账支付。

关于这些必要的信息，报刊编辑一般会通过电子邮箱的"自动回复"功能，进行解释。有心的老师会留意，能按照要求把信息补充完整，但是，能这样做的老师真的不多。

其次，在电子邮件的正文中，把那些问候语之类的交际客气话写完之后，把文章内容复制到后面。然后，把文章再通过"附件"上传一份。这些做完之后，就可以点"发送"，把邮件发出去了。

这样做，能为编辑提供很多便利：把文章内容复制到邮件正文当中，编辑一打开邮件，就可以读文章了，如果感到文章有新意，有刊发的可能性，值得进一步细读与斟酌，那么，可以很方便地把文章从"附件"里下载后保存。

如果没有多做的这"一点点"，编辑要么不能便捷地读到你的文章，要么保存你的文章还得费一些事。也许有的老师不以为然，认为这能多费多少事啊！要知道，报刊的邮箱每天都会收到几十封甚至上百封的邮件，可不是一两封！

按照这些要求投稿，编辑都会在心里感谢你。

（4）投稿后，多一点等待的耐心。投稿后，老师都会很关心自己的稿件能否采用，与编辑联系、询问情况，这是老师的权利，但不要频繁地"骚扰"，原因还是编辑很忙。负责任的编辑都会在审稿后及时通过邮件回复稿件采用情况。请相信，只要是与报刊版面或栏目契合的好文章，编辑没有理由压着不刊发。好文章，编辑都会记得。

所以，投稿之后，最好的状态是"淡忘"——该干什么就干什么，继续观察课堂，研究学生，发现新问题，记录新思考，完成下一篇文章。如果投稿后三个月之内没有发表或者接到编辑的通知信息，就可以自行处理稿件，比如再投其他报刊。

62. 如何提升文章的传播价值

"为什么我的文章编辑看不上？"这是教师遭遇投稿失败后都会在心里问的问题。前面从几个方面说到了编辑喜欢什么样的文章，教师可以对比自己的文章做些研究。实际上，这几个方面做得如何，都可以归结为作者有没有"读者立场"。

编辑审稿时就是读者，一篇文章要表达的思想情感，如果引不起编辑的兴趣，文章行文回答不了编辑的疑问、经不起编辑质疑，那就不大可能被采稿。

有"读者立场"，写作时，对文章所关注的问题，就多想一些、想深一些，对读者关心什么、会质疑什么等都要谈清楚，同时文字精炼、语言通顺，这就是一篇不错的文章。即使达不到"深入浅出""举重若轻"，也是有传播力的文章。

如何提升文章的传播价值呢？

（1）下功夫锤炼书面语言表达能力，使文章文通句顺、表达准确、语言精练。

这是最基本的要求。写完文章，自己多读几遍，把句子不通顺、用词不准确、表达有歧义等阅读理解障碍统统消除掉，把意义不大、啰唆的空话和套话删除掉。

一件事情尽量用简洁的语言交代清楚，不让读者去猜测；提出的观点、论点用具体细致的案例，用严谨的推理论证来支撑。

此外，不要为了追求所谓的幽默表达，搬用网络语言、低俗语言等，如"好老师就是'骗子'""教学就是'勾引''挑逗'"……这样的表达不会为文章增加力量，反而显得粗鄙，写作时应严谨一些，让语言雅致一些。

（2）要从自己的教育故事、实践案例当中梳理教育之"理"，探究教育的"道"，使文章上升到经验提升、探讨规律的层次。

我给儿子买了《小狗钱钱》，自己随手翻阅，就被前言吸引了，其中有一段这样写道——

> 成功的故事很少有精彩的翻版，但故事中包含的道理却可以帮助我们在遭遇困境时找到最佳的出路。当我发现读者开始崇拜作者本人，而没有掌握书中叙述的古老真理时，我有些不安。个人的经历是很难效仿的，但最基本的真理却完全可以复制……一切变得更加复杂、更加混乱，更新、更好的产品层出不穷，因此在这样的时代里，明确方向、找到永恒的真理是十分必要的。

这些话说到我心里了。当下的教育好热闹，也好复杂，各种经验、模式和概念层出不穷，在这样的时代，老师明确自己的方向、信念，探寻教育中永恒的真理十分必要。

教育报刊刊发文章的一个目的，是要为教师的教育教学工作提供帮助，所以，不管是何种类型，都想刊发有"深度""深意"的文章，肤浅的、说车轱辘话的文章没有编辑愿意用。这其中，写作的技巧、方法不起决定作用，关键在于教师的教育理论素养、阅读背景、主动探究问题的意识。

比如课堂教学是教师写作最重要的一个领域，反映课堂的文章重在探讨和诠释课堂教学思想以及学科本质，启发教师进行深层次的教学思考，站在教育的角度看待学科教学，体悟教育之精神。老师可以从学科教学的一个个课例谈起，但要能透视一些习以为常的课堂现象，探寻"好课堂的模样"及其建设之道，进而探讨老师日常教学行为的改善，把思考上升到对课堂思想（原则、规律）的研究层面上，以及课程目标的具体落实策略上。

关于规律，《小狗钱钱》作者博多·舍费尔说：无论我们愿不愿意，它们（原则、规律）都统治着我们的生活。即使我们反对，它们也不会失效。

老师作为教育的实践者，当转换为言说自己的实践、成为作者时，最有意义的事情是将教育的规律、原则用自己的语言进行诠释与整理。

请记住，教育之"道"，以及承托它的不断生成的"新故事"，是传播价值的核心，可以一直讲，反复写。同时，也要警惕不要让自己的文章变成教学类心灵鸡汤——选择性呈现案例，简单归因，发些"小感悟""小心得"，要多想一些、想深一些，让自己阐发的"理"与"道"经得起推敲、质疑。

（3）重视文章标题的拟定，甚至在动笔前就要想清楚，既提炼文章的核心观点或有价值的信息，又激发读者的阅读需求。

训练这一本领的方法是：向高水平的报刊学习，收集并琢磨吸引你读下去的文章标题；向自媒体大咖学习，分析那些吸引自己点开来阅读的文章标题。做个高明的"标题党"，不低俗、不违规，又吸引眼球。

第十一章

教师专业成长的内核

63. 不虚也不功利的成长

　　由于工作原因，我曾大量阅读教师的成长规划，听教师讲述自己的成长经历，觉察到很多教师在谈论成长时其实并未真正想清楚何谓成长。其中代表性的说法就是"自己之前浑浑噩噩，现在要多读书，多写文章，主动上公开课""成为学校的教学新秀、当上县骨干教师""参加省优质课大赛拿一等奖"等。

　　"成长观"很重要，它左右着成长的方向；方向有问题，就可能南辕北辙，误入歧途。

　　追求名利，是教师的正当权利，在专业成长过程中把一些名利作为阶段性目标，无可厚非——只要不违反师德规范、不触犯法律，即使以此为自己的人生信仰——这也是教师个人的自由，谁也无权指责和干涉。况且，青年教师以当选教学新秀、评为骨干教师、参加各种级别的优质课大赛等为某个阶段的成长目标，的确可以增添动力。

　　只是，以荣誉、名气以及职务等来指代成长，尤其是专业成长，这样的认识和宣扬会遮蔽成长的真正意义，助长教育界的浮躁之风。此外，教师的"私德"与职业道德的界限并不完全明晰，名利心太盛，做教育私利想在前，学生难免成为个人谋求名利的工具，"不违背师德"恐怕也是欺人、自欺的假话。

　　一些老师对我说起曾遭遇这样一个时刻或状态：面对一大摞各种各样的证书，自己很困惑——这就是成长了？这些年我收获的就是这些吗？手捧鲜花，登上了炫目的舞台，自己好像成名师了，很高兴，却又惶恐、心虚……

有这样的感受，是开始了对于以名利来评价成长的怀疑。在我看来，以能力提升及拓展为核心的言说和思考成长才是正途。

我们都是从婴儿一天天成长起来的，从只会用哭来表达生理需求到会笑，会爬，会坐，会拿，会走，会跑，会说话……越来越能干，越来越有力量，活动的范围越来越大……在父母还能够"控制住局面"这个阶段，孩子每每表现出比以前能干、有力量，就会收获父母的笑脸和赞扬。那么，孩子的成长是"父母的表扬鼓励"，还是孩子的能力发展？进入成年期，身体的成长会停止，但成长仍旧可以继续，其主要表现在知识文化、技能、精神、思想层面。这种成长没有止境，甚至肉身消亡了，精神文化如果足够优秀，依然可以超越时空，借助新的载体继续发挥影响力，获得发展。

我们能够做到、做好和掌控的事情不断增多，就是成长。即使是精神层面的提升，依然可以用"能力"来界定。审美、情操、境界这些比较抽象的素养，它们是知识、观念、性格、文化习俗等因素共同作用之下的心理状态表现，其实在生活当中也以"能力"表现出来：能够感受到"美"的存在，懂得欣赏、理解与包容"非常之物"，超脱"世俗眼光"等。

若以"能力"的变化言说教师专业成长，那么，无论是写这方面的文章，还是制订自己的成长目标、计划，就会实实在在、言之有物。比如，一位老师这样写自己的成长规划：

> 作为一名教师，要想使学生卓越起来、课堂卓越起来，须得自己先卓越起来。卓越这一境界，我认为是孔子所说的"从心所欲不逾矩"……让我和我的学生都沉醉于语文课堂。计划有每天、每周、每月的课外活动——每周三节语文早自习，每节要背六条《论语》中的名句，背完后背《古文观止》；每周至少写三篇教学日志；每周看名师教学实录一篇；每月读一本书；每月请同事听课一节……
>
> 上面提到的是我的短期成长规划，把眼光放长远些，我想成为

像"第56号教室的奇迹"的创造者雷夫那样的卓越教师，创造出卓越课程，引领学生走向卓越……比规划更重要的是认清我的长处何在、我做事的方法、我归属何处、我的价值观是什么样的……

这位老师对成长思考得比较深入，有一些具体的想法、方向，有自己的见解。他的目标，无论短期还是长期，都与专业能力提升紧密联系，都聚焦于他自身的"卓越"。这样的成长规划不仅可以给自己以力量与方向，也能带给阅读者以感染、启发。

成长，不虚，也不功利，且听一些老师的感悟：

> 洛阳高新区第二实验学校李燕燕老师说，自己现在以简单来定义生活——列购物清单，减少不必要开支；减少逛商场的次数，手工能做的坚决不去买；整理衣橱，腾空储物柜，把很久未用过的东西收拾好投入小区的爱心捐助箱……让心境简约，修炼自己的内心，不再斤斤计较得失……让简明、简洁、简要等词语开始成为我的课堂核心词……

河南最美教师、武陟县大封镇司马岗小学的王桂香老师说：

> 我不再像一只无头苍蝇般乱撞，也不再是"一日曝十日寒"般脆弱。我重新拾起搁置在书柜蒙了灰尘的《教育学》《新教育》《给教师的建议》等，不分日夜地苦读，拿起有些生疏的笔书写每天教学中发生的点滴……

河南省安阳市龙安区马投涧镇第一中学的汪重阳老师说：

> 之前我之所以能够坐下来每天读点书、写点东西，很大程度上是为了让自己在报刊上能不断发表文章，积累人气，提高名气。进

入 2016 年后，我忽然觉得自己可笑……现在真的不再在乎文章能不能发表了，但我写文章的习惯还是没有改变……一些需要费更大精力才能整出来的课堂案例、教学思考类文章也多了起来，每每有自认为比较不错的课堂做法就会及时记下来。结果，我自觉课堂教学技术提高了不少，而且因为对学生的关注度增加了，孩子们也"投桃报李"和我更贴心了，我的职业幸福感便更强了。

江苏省仪征中学的刘祥老师是语文特级教师，发表数百篇论文，出版近十部专著，然而他还在继续成长——

我将主要精力投注到语文学科知识体系化教学的思考与探究中，想要为语文学科的小说教学探究出师生活动的五大抓手……想要让每节语文课都变得富有情趣，想要重构现有的课程资源，建立起属于我自己的课程内容……

这些老师经历过迷茫、弯路之后，开始专注于自身精神世界的丰富，专注于自己认为有价值的美好事物，他们触摸到了成长的内核，也给其他教师以启发。

说成长不虚、不功利，并不是说老师不能以做骨干教师、当名师等为追求，而是提醒老师在成长的路上不急躁、用真心。无数实践已经证明，专注于做事本身和自我提升所带来的成功，才影响深远。

64. 成为有教育信念的教师
——教师专业成长的维度（一）

成长，意味着永远处于一种"未完成"的状态，是不断进步，直至生命的终结。这样来看，似乎很难评价成长，因为一直"未完成"，不好定一个什么样的标准。所以说，成长，是一个自己可以觉察却不适合由外界来评价或定性的"生命状态"；外界的评价只能是某个标准下的"成绩""成功"。

能力不断增强，能力边界不断拓展，精神境界不断提升，就是成长。对于教师而言，成长带来教师醒目的"专业品质"，这是包含着特定的教育技能、高度的敬业精神、为学生成长创造条件的强烈服务意识、人文关怀的理念、永远的学生立场、精益求精的作风等在内的一种"复合素养"。

那么，教师如何觉察自己的专业成长？或者有意识地拉长自己的能力短板，规划自己的成长？我认为，可以从三个维度或观照，或着力。

第一个维度是教育信念。

首先不要把信念、信仰、信条这些词语"神秘化""高尚化"，它们其实就是我们每个人价值观的重要内容，构成我们日常行为的"导航"与"动力"系统。每个人都有着自己独特的信念、信条或信仰，我们的言行、决策都在无声地向外界展示着它们。只不过，大部分人的信念、信条或信仰处于潜意识状态，"日用而不知"，因为没有认真想过，故而不能清晰完整地表述出来。

信念、信条、信仰在意义上是有一些差别的，但核心无外乎相信什么、坚守什么、维护什么、精神或灵魂依靠什么。不管是模模糊糊的，还是自己能够言说的，它们左右着我们每天的行为，决定着我们的生活状态。"认识你自己"，要从梳理自己的信念、信条、信仰开始，这是我们从浑噩生活走向理性与光明人生的发端。

教师的专业成长，首先需要做的是把那些潜意识中的、内隐的教育价值观，变成清晰的教育理念，使之成为自己的教育教学信念、信条或信仰。比如有人曾提出，教学首先是"一门技术"，而我认为，教学首先是一种"情感、态度、价值观"，即对教学的情感或接受度、价值认知、意义理解。这是决定教学的"方向性"问题。

教师有自己的教育信念，是专业成长最关键的一个标志。

拥有自己的教育信念，意味着对教育的一些核心问题、基本问题有了认知、理解；拥有自己的教育信念，就有了教学主心骨，不会人云亦云，也不会被各种各样的教育专家忽悠得"不知道该怎么教了"；拥有自己的教育信念，就走出了凭感觉和经验教书的低层次阶段，对课堂、对学生就不再是"糊涂地爱"；拥有自己的教育信念，就站到了巨人的肩膀之上，内心开始敞亮，笑容充满自信，脚步变得坚定！

拥有自己的教育信念，简而言之就是自己坚定地相信某些教育理念、教育理论，以及自己从实践中得到的真切的教育感悟和心得。

建议老师们把这些清清楚楚地写下来，分门别类，如关于教育本质的、关于教学的、关于学生的、关于教师职业的、关于课堂的、关于评价的、关于班级建设的等等，做个总结，形成"体系"，这对于自己的专业成长有很大的助推作用。

教育信念是在不断学习与实践体验的过程中形成、完善、发展的。对一些问题的理解，今天这样认识，明天可能又有新的见解，但经过我们深入的思考、充分的论证之后，一旦稳定，就会成为我们的行动指南、坚定的信念或者信仰。

有人戏称我们当今的教育改革是"教育概念的改革"，各种新概念、新词汇层出不穷。教师如果有了自己的教育信念，不管各种专家怎么忽悠，也不会无所适从。打个比方，改革开放 40 年，从"素质教育"到联合国教科文组织提出的"学会求知，学会做事，学会共处，学做自己"，到新课改的"三维目标"，再到"核心素养"或者"关键能力"，这些概念的核心诉求有变化吗？说的是不是一回事？

你对于教育要培养学生什么，有自己的见解吗？或者认为什么素养或能力，对于学生的现在及发展比较重要？我认为"君子不器"四个字把培养学生的任务讲得很清楚了。在我的教育信念里，致力于"君子不器"的教育有四个重点：一是强健的身体（卫生保健和锻炼习惯），二是终身学习的意识与能力（求知兴趣与学习习惯），三是沟通交往与协作能力，四是自省精神。不管社会形态如何，基础教育终究是既面对当下又迎接未来的，教育过程即教育目的，要发展学生能够迁移的、可以适用于各种场景的优秀品质和过硬能力，帮助学生在未来社会当中找到自己的位置，创造自己的幸福人生；每一个学生个体充分发展，教育的社会价值自然得到彰显。

此外，对于学习、德育、体育、美育等等，教师都应建立基本的认识，使之成为自己教育信念的重要内容。

决定要做个好教师、重视专业成长的教师，需要把形成自己的教育信念作为重要的一项基础性工作，有规划地阅读教育理论或理念启迪性专著，并与自己的教育教学实践紧密联系，不断反思，及时总结、提炼，形成自己系统化的教育信条，让它成为自己教育人生道路上的明灯。

65. 精熟专业技能
——教师专业成长的维度（二）

教师专业成长的第二个维度是专业技能。理念决定方向，而专业技能决定教育理念的落实程度和实践成效。社会进步了，教育难度加大了，各方面要求在提高，环境系统的支持却在变少，甚至障碍多多。说实话，当今教师需要更多更精的专业技能，才能胜任工作，之后才能谈论职业幸福。

2018 年的"六一"儿童节前夕，豫南某县一位小学语文教师兼班主任，把班上学生默写古诗词的成绩以及个别学生的照片发到了班级学生家长群中，并提出让家长配合工作，督促孩子学习。他没有料到自己的"一片好心"惹了麻烦——有学生家长认为这样做非常不合适，就到学校找这位老师"理论"。哪知双方的沟通情况并不理想，家长一气之下要把老师告到教育局。这位老师感到非常委屈——自己满负荷且尽心尽力教学、对学生负责，甚至顾不上自己的孩子，还得不到家长理解，非常郁闷和生气。

这位老师在家长群中表达了"不再在微信中发布学生学习情况，学生完不成学习任务，也不再留在学校（补习）"的想法，也传达了"自己工作量那么大、干了 15 年，但每月只有区区 2607 元工资养家"等信息。随后，他给学校领导写了一个请假条，想休息调整下，然而越写越气，最后提出辞职。

他把自己发布在微信群中的信息截屏图、"请假条"照片等信息发到了微信朋友圈中，没料到这个似乎很解气的行动引起轩然大波——当地一家自媒体发现后整合了一篇"家长要理解支持老师的文章"做了推送，文章迅速扩散，被疯狂转发。当时一个不足 5000 人订阅的微信公众号"河南班主任"转载后，两天时间阅读量超过 700 万次。后来在县教育局的积极协调下，这位老师与学生家长相互谅解，风波得以平息。

这位老师以"请假条"为名的辞职信一时间能"刷屏"，可以看作一次"教师情绪大爆发"事件，说明这位老师的处境引发了绝大多数教师的共鸣。

确实，老师们需要家长的理解、支持，需要更好的工作条件，需要提高待遇，教育法规也需要更加完善，等等。但是，"挺"教师的同时，不能回避一个事实：这位教师已经工作 15 年，但他在整个事件当中表现出来的"专业品质"与教龄不相适应。

2010 年，湖南省一位教师因师生冲突、家长介入后导致冲突升级，其一怒之下挥刀自残；就在同年，湖南省某中学还发生这样一件事：课堂上，学生小白不认真听讲，与同学下棋，讲课的谭老师发现后，进行制止，但小白不服气，认为自己下棋也没有影响其他同学，由此发生了冲突，师生甚至在教室里扭打起来。

事情发生之后，在学校领导和班主任的协调下，决定在教室里当着大家的面师生彼此道歉、相互谅解，但小白同学显然并没有想通，在他看来，"教师应归于服务行业，学生是上帝，来学校是享受服务的"，所以道歉时一副不大情愿的样子。谭老师突然下跪，向学生道歉……此事被媒体报道之后引起热议。谭老师解释说，他感到班级正气不足，"这一切都让我颇感伤心，希望通过自己的这一行为震撼和唤醒学生"。

我丝毫不怀疑谭老师为学生好、工作尽心尽力的一颗热心，但很明显，他脾气火爆，调控情绪的能力欠缺，而且向学生下跪的行为——仍不是好的教育。

每年，类似的师生冲突事件不断上演，每次都会掀起一阵舆论热潮，舆论热点往往都集中于——学生难教，而教师动辄得咎；因为担忧教师学会明哲保身，放弃一部分教育责任，很多人就呼吁把"惩戒权"还给教师。但让教育"完整"，并不是把"戒尺还给教师"这样简单，能把管教学生包括惩戒学生做出教育的味道，才是关键——这需要教师的专业能力。

每次师生发生冲突，不敢说都有老师专业品质欠缺的问题，确实有蛮横无理的学生和家长，但教师不断提升专业品质，精熟基本技能，一定可以降低此类事件的发生概率。

66. 教师的专业技能有什么
——教师专业成长的维度（三）

教师的专业技能包括什么？我们可以从豫南那位小学语文教师兼班主任的教学行为分析中做一些并不全面的梳理。当然，毫无指责这位教师的意思，我们需要站在理解教师、从教师所处环境的立场来谈论专业发展。

课堂教学技能是教师的一项重要专业技能。这件事的起因是老师对全班学生背诵默写古诗词的情况不满意，认为学生家长少了督促，导致很多学生没有认真背诵。

如果教学就是灌输，然后把学习任务布置给学生，让家长督促完成；如果完不成学习任务，就呵斥、惩罚，让学生因为恐惧而"投入学习"——那么，教师的专业性体现在哪里呢？

课堂教学技能，包括对教学内容的选择、优化，以及教学过程的设计，使之更宜于学生接受、理解，提升学生的参与度，让学生脑筋转动起来，等等。更通俗地讲，要做到寓教于乐，淡化学习过程的枯燥、辛苦，让学生体会到学习内容的有趣、有用，从而愿意自主地学、钻研着学。对小学生而言，这一点更为重要。

这是锤炼教学技能所追求的方向，即使教师因为自己的能力、视野所限，暂时做不好，也要"心向往之"，有了这种信念，行必所至。这也是教师的一种责任和使命。

以古诗词学习为例，小学生可能还无法领悟诗词的"意蕴"，但一些古诗词朗朗上口，却能带来诵读的快乐；还有一些很有意思的古诗词，如数字诗、自带画面感的古诗词等。如果老师在呈现古诗词时下一番功夫，就能引发大部分学生的兴趣。另外，在诵读、背诵时，可以用适合小学生心理特点的方法，如对抗赛、"开火车"、首尾字接龙等。这些都是很多优秀教师已经熟练运用的方法。

以教授古诗词闻名的小学语文名师丁慈矿创造出"看着中国地图，跟着诗人的足迹教诗词"的教学方法；把《声律启蒙》引入课堂，引导学生学着作诗、对对子；甚至还用学生的名字对对子；等等。这是有技术含量的教学，这样的教学让学生学习古诗词时兴趣盎然。

这位教师自述，他周一、三、五每天六节课，周二、四每天五节课，教着语文、英语、科学、体育、音乐、品德六门课——确实任务繁重。这种状况之下，老师怎么办？怎么读书、反思？等待教育管理体制变了，等待环境和条件好了，才去专业成长？这种思想要不得，它只能耽误你的人生。最明智的方法是充分调动学生"兵教兵""兵带兵"，相互评价，等等，既给学生锻炼的机会和平台，也解放自己，有时间去学习、提升专业技能，让自己的课受学生欢迎。

从事件的起因还可以发现，这位教师在激励、评价、指导学生方面也存在专业技能上的不足。

激励、评价、指导，是调整学生学习状态的重要途径，做好了，就能使学生学习热情高涨，对未来充满期待和信心，动力满满。激励，不单单是语言赞扬，在教学中，还要想方设法为学生创设展示闪光点的舞台、锻炼能力的平台；评价和指导学生，要坚持"长善就失"的原则——用心发现学生的特点、长处，激发动力，"捎带着"指出不足和努力方向。

教学中运用激励、评价和指导策略，需要教师掌握多种知识与技能，比如相关的心理学知识、语言技巧和沟通方法等。在当今的信息时代，这些知识不难获取，教师需要做的就是多用点心思，投入更多的情感，从了解学生、研究学生做起，多多实践和积累经验。

把一些学生的照片和默写古诗词的成绩发到家长微信群中，是此次事件的导火索，这同样反映出教师在运用教学新技术、与学生家长沟通等方面的不足：

（1）老师在这样做之前，要与学生家长做好充分沟通，让家长认识到这样做的益处——可以让家长了解自己孩子真实的学习情况，也让孩子学会面对现实、接受压力，锻炼心理承受能力。

（2）老师在微信群里面对所有学生家长评说学习成绩时，要斟酌语言，要能让家长接受。

这位老师在微信中具体是怎么说的，不得而知，但从后来学生家长专门到学校找到老师沟通，却不欢而散，要到教育局投诉这位老师的事实来看，可以猜测这位老师有"盛气凌人""讲话咄咄逼人"的嫌疑，才导致问题不断升级。

作为教师，在家校沟通与合作当中是处于主导地位的，负有主要责任。主动沟通、及早沟通、良性沟通的意识，以及掌握与不同类型家长沟通的策略和技巧，包括根据教学需要策划组织家长会，组建家长委员会，等等，共同构成一种专业能力。

一心为学生好，为何不能"有话好好说"，让家长为我们的用心、专业而感动呢？这个方面，这位老师的专业技能也是欠缺的。

每当师生冲突类事件曝光，都会掀起"师道尊严不再"的阵阵舆论声浪。对此我是这样看的：

首先，尊严不是别人可以"恩赐""赠予"的一件"饰物"，必须是靠自己赢得的"精神力量"。

其次，尊重是有条件的，更是相互的。

教师的社会地位，教师个人的尊严感与受尊重程度，一定是两个方面同时用力才能获得：一方面，政府把尊师重教落在实处，提升教师工资待遇，改善教师工作条件等，让广大教师真正有获得感，世人羡慕与向往教师职业；另一方面，教师则需要大幅度提升专业品质，遵从师道，为师有道，学生和家长发自内心地喜欢和信赖。

综上所述，一个老师把课上好，是第一位的——

• 你需要全面把握教材，精准定位每堂课的学习目标，整合适合学生的学习资源，调整学生的学习方式及学习状态。

• 你要善于发问，善于点拨，课堂有了干扰或意外，能智慧处置，化之于无形，甚至成为生成的教育契机。

• 你需要研究考试，把指导学生"应试"做出"科研的味道"。

其次，还要善于发现、激励、评价和指导学生——

• 懂学生，面对不同类型和层次的学生，会激励，善评价，会引导，能激发学生的学习动机，引导学生发现学习的意义，并给予方向指导、方法点拨，让学生心生希望，努力上进。

再次，要联手学生家长，让他成为你的支持者、同盟军——

• 面对形形色色的学生家长，内心强大，能及时调整情绪，善于沟通，让家长们感受到你关心他的孩子、在尽全力帮助他们……

专业技能是教师的立身之本，本立而道生。如今科技发展日新月异，不断有新设备、高科技进入教学领域，但最基本的教育教学专业技能或者说核心，不外乎这些。

作为教师，需要下大力气，一项项去修炼与提升自己的专业技能，否则，教龄再长，徒增的也只是年龄、皱纹和白发，而不会是成就感。

67. 积极地走向"自我认同"

——教师专业成长的维度（四）

教师专业成长的第三个维度是自我认同。

自我认同，是建立在"自我认知"基础之上自信、从容、宁静的内心状态，近乎古人讲的"不惑，不忧，不惧""不以物喜，不以己悲"的伟岸人格。

有自己的教育信念，就会"不惑"；精熟专业技能，就会"不忧不惧"；有自己教育人生的价值大厦蓝图，知道自己要干什么、追求什么，就不会太在意与自己所做的事情关系不大的东西，"不以物喜，不以己悲"。我认为，这是教师专业成长所要追求和达到的境界。

教师的"自我认同"，首先是"职业认同"，即发自内心地愿意把人生安放于课堂和学生教育，把"让自己成为一个幸福的教育人"作为追求目标，所有的教学活动、教学探索，都围绕成就学生、解放自我、提升与愉悦自我来展开。

对这个观点，很多教师会嗤之以鼻：我们生活中有那么多不如意——工作任务繁重、学生越来越不听管教、家长不理解不支持、学校领导专横跋扈、考评机制不合理、收入那么低……怎么可能幸福？我们怎么可能去"认同"？

实际上持这种认识的老师是掉入了职业枯竭的陷阱，妨碍着他们去重新发现职业对于自己的意义。有很多教师，并不是带着教育理想走上讲台的，因为阴差阳错或迫不得已，才做了教师，从教之后还"三心二意"，想方设法离开，包括一些名师——如管建刚、闫学、魏勇、王木春等，都曾有过这样的经历，但这并不影响他们后来有了职业认同、自我认同。

1998年春天，并不喜欢当老师的管建刚对自己说：管建刚，你安心做语文老师吧。

做小学教师不是闫学的理想，差不多有两年时间她在苦闷与彷徨中度过，在跳槽、调动均告无望的情况下，闫学"认命"了。也正是这个时候，她幸运地读到了《给教师的建议》。

大学参军、考研是魏勇上大学时的规划，阴差阳错做了老师后，他老是"眺望外面的世界"，一度离开学校到外面闯荡，结果发现自己还是"更愿意跟知识打交道，而不是与钱打交道"，于是回到了学校。

为了多赚钱养家糊口，王木春在教学之外做房屋装修……等他能够安静地在苏霍姆林斯基的书前坐下来时，已经34岁了。

……

举名师的例子，并非说只有获得成功，如有名气、升职，教师才有职业幸福，而是为了说明一些事实：

- 做不到"职业认同""自我认同"是普遍现象，就连后来能取得成功的一些名师也不例外。
- 经过自我探索、能力评估，以及心态调整、观念转变、能力提升等，教师可以做到"职业认同""自我认同"，进入新的人生层次。
- 教师的职业幸福与是否成功关系不大，而与"自我认同"紧密相连。

陷入职业枯竭的教师，如果在教学中真的体验不到乐趣和成就感，而且对收入非常不满，那么迅速地离开，是勇敢而智慧的人生态度，也是明智和负责任的选择。如果还是喜欢教育工作，喜欢和孩子们在一起，只不过平淡、烦琐、重复的教育生活让你感到乏累、疲惫，感到收获与付出不对等……那就得主动地去调整状态、心态。

如果确定了继续从教，就必须换一种精神状态来面对自己的教育生活，因为自己终究是要在教育教学中安放人生、找到幸福的。

怎么做呢？必须先实实在在地解决问题，将自己当前的苦恼、不快乐进行溯源与分类，评估资源，主动需求帮助，一一提出解决策略，通过实干走出困境。

比如，充分发动学生和学生家长，学会为自己"减负"，也给学生自主发展、实践锻炼的平台。学生成长、家长支持和感谢，是教师成就感的重要来源。理解学生，不把他们当成实现自己某个目标的工具，不生学生的气。加强学习，读书，积极主动向有经验的同事请教，走出去寻求更高层次的指导，等等，让自己的教学有新变化，提升教学效益。锻炼身体，增加体育活动和社交活动……

实际上，所有的这些行动、改变汇集成一句话就是：成长是化解自己（教育）生活不如意的唯一可行途径。

以积极主动的态度、研究的方式、创新的眼光重新审视教育工作，换一种新的教育生活方式，主动寻找教育的乐趣和成就感。因为自己内心的体验，是别人给不了的。

紧盯着职业的不如意，把问题都归因于外界而不能反躬自省、反求诸己，只会在教育生活的"黑洞"之中越陷越深，成为一个只有情绪的"无理性、无成功、无快乐、无尊严"的"四无"老师。

职业认同，需要经历自我认知、职业探索，这个过程有长有短，也一定会伴随着认知偏差、期待落差而经历痛苦，经过调整、磨合、探索，才会在心灵诉求与职业感受之间建立一种平衡而欣欣然。

68. 面向未来，不让自己像个机器

立志做教师的年轻人，或者年轻教师，需要思考一个问题：十年、二十年后，学校会是什么形态？课堂还会是今天的样子吗？今天所学还有多少在未来依然有价值？教师职业有没有"永恒"的能力或素养要求？

教师专业成长，必须面对未来学校、课堂的发展走向。

未来学校和课堂的模样实际上现在已经端倪初现，那就是互联网、人工智能技术的充分运用，学习时空大大拓展，学习资源异常丰富，教师作为学习组织者与引领者的角色更加突显。

未来二三十年，在新科技推动下，人类社会将进入人与智能机器共存、合作的时代，学校与课堂形态的变化会是革命性的：知识的载体及传播途径会更加多样化，学生学习走向个性化，教师所要承担的工作或者角色也将巨变——讲授知识、学生学习效果检测、知识查缺补漏辅导等与知识学习有关的很大一部分职能将由人工智能教学辅助设施承担。

巨大的变化已暗流涌动、潜滋暗长，青年教师以及师范院校做好准备了吗？在人工智能大行其道的未来社会，哪些素养、能力是一个人有尊严地活着所必需的？这个问题指向教育的培养目标，也关涉教师的生存发展。

专家预测，不远的未来，那些标准化、重复性、统计分析类、不需要深度思考、对创造性要求不高、注重效率的工作岗位都将被人工智能机器占据；需要"人"做的工作将是具有创造性、重视个性化、要投入足够热情与情感的事情。

根据对未来社会特点的预测，可以发现，自主学习能力、批判性思维、善于与人沟通合作、具有爱心和同理心、有兴趣爱好和有趣味是面向未来的教育必须重视的。从这种要求出发，不难推导出面向未来的教师成长要重视什么。

第一，学习习惯、学习精神的培养。不管是当下，还是未来，教师都是集多重角色于一身的专业人员，不能停止学习是职业特点。

世界变化随着各种新技术的快速发展在加速，新的教育技术设备、新的教育诉求，以及网络环境中成长起来的新人类，都在不断制造新的教育问题，提出新的要求。不间断学习、对新事物始终有着好奇心和探索之心、眼光敏锐、见识超前的教师才能胜任未来的要求。

当下，教师学习的聚焦点在于学习掌握网络信息技术，钻研学科内容，以及不断拓展学科边界，扩大自己的知识面，完善知识结构。因为，强调学科融合，聚焦"完成任务"的项目化学习是未来学校教育的一个趋势。

第二，整合学习资源的能力。教师经过不断学习、思考，锤炼出来的专业能力集中体现在"课程能力"上。

2020 年，新冠肺炎疫情暴发，学校延迟开学，"停课不停教、不停学"，很多老师被"卷入"直播课堂、在线教学的实践当中。

实际上随着在线教育崛起，早已出现一个新名词：独立教师。他们很多曾是教育体制内的优秀教师，凭借卓越的教学素养脱离体制束缚，依托在线教育平台直接面向学生；在身份上，他们不隶属于某个平台，也不同于社会上各种教育培训机构的老师。

有学者为独立教师做定义：以自己的教师专业通过市场获得报酬的专业性职业的从业人员。独立教师靠什么"独立"？他们的核心能力即课程设计与实施能力。

在不远的未来，独立教师会成为普遍的存在状态。这与学生个性化发展方案会成为学校教育的常态有很大关系。未来，学校、课堂依旧存在，原因很简单——学生需要一个学习社会化的真实社交空间——但学生学习的方式将发生很大变化，线上线下相融合，人工智能参与其中，从而充分满足每一位学生的成长需求，而教师作为学生学习活动的组织者、引导者，其组织、引导作用就体现在"课程设计与实施"上。

未来，选择课程，就是选择老师。

第三，未来将突显教师的几个身份角色：分享者，激励者，陪伴者。

网络课堂、翻转课堂……新的技术、新的课堂模式并不能解决学生学习动力不足、自主性匮乏、习惯不佳等问题。另外，厌学是导致学生出现成长问题的一个比较重要的因素，或者是"肇始"。调节学生的学习状态，激励与引导学生去体悟学习的乐趣，树立人生目标，增强学习自主性，学会自我调整……这是教师特别重要的一个使命。这也是需要投入情感和智慧的工作。做好这方面的工作，无论是面对学生群体，还是个别学生，从当下到未来，都需要教师从做好分享者、激励者开始。

作为曾经的学生，作为终身学习者，作为"走过的桥比学生走过的路还多"的人生先行旅客，教师需要适时地与学生分享自己对学习的理解和感悟，分享自己的经历和体会，促进学生完成社会化。带着老师"体温"的故事和经验由老师娓娓道来，相比人工智能的信息传播，学生可能更乐于接受。这样的教师角色，已经不仅仅是学习的组织者、引导者，更是学生成长的陪伴者、心灵关怀者。

教师要有意识地学习、积累，做学生的学习导师、人生导师。这些角色都是教师作为"人"的优势所在。在未来机器大行其道的世界，教师更像人的存在，才能赢得职业尊严。

智慧的、有所成就的教师都是能够不断赋予自己职业新的价值追求、新的意义使命的人。面对未来，教师要有重新定义自己职业的意识，因为"价值"决定未来。

不管是未来，还是当下，教育都是围绕"人"展开的事业。无论是强调教师应具有深厚的文化积淀，还是强调教师应有强大的思考力和创造力，都源于作为"人"的我们对社会进步的理想与情感。

教师应当更像"人"！这大概就是教师成长永恒的起点与追求吧。